课堂上的思维导图

高中语文阅读提升法

MIND MAPPING

侯璨敏　王玉印　著

浙江人民出版社

图书在版编目（CIP）数据

课堂上的思维导图．高中语文阅读提升法 / 侯璨敏，王玉印著．—杭州 ：浙江人民出版社，2021.4

ISBN 978-7-213-09967-0

Ⅰ．①课…　Ⅱ．①侯…　②王…　Ⅲ．①阅读课－高中－教学参考资料　Ⅳ．① G634

中国版本图书馆CIP数据核字（2021）第015830号

课堂上的思维导图·高中语文阅读提升法

侯璨敏　王玉印　著

出版发行：浙江人民出版社（杭州市体育场路347号　邮编　310006）

市场部电话：(0571)85061682　85176516

策划编辑：赵　霞

责任编辑：毛江良

营销编辑：陈雯怡　陈芊如

责任校对：朱　妍

责任印务：刘彭年

封面设计：琥珀视觉

电脑制版：创智明辉

印　　刷：杭州宏雅印刷有限公司

开　　本：710毫米 ×1000毫米　1/16　　印　　张：14.5

字　　数：176千字　　插　　页：1

版　　次：2021年4月第1版　　印　　次：2021年4月第1次印刷

书　　号：ISBN 978-7-213-09967-0

定　　价：58.00元

作者序 1

始于颜值，忠于才华

亲爱的读者，阅读这本书之前，请先回答我几个问题：

你有没有学过思维导图？

你身边有多少人会画思维导图？

你有没有画过3幅及以上的思维导图？

你认为思维导图能帮助你做什么？

无论你有没有学过思维导图，翻开这本书，我们就将开启新的篇章，请你保持“空杯心态”，跟我一同走进思维导图的世界吧。

什么是思维导图？

说到思维导图，必须提到思维导图之父——东尼·博赞——这个名字如雷贯耳，想必大家都很熟悉。作为思维导图这一工具的发明者，博赞先生发现，爱因斯坦的很多点子都是从画图中找到的灵感，语言是用来向别人解释自己想法的工具；达·芬奇的学习手稿很乱，但重要的知识点之间都有连贯性和逻辑性。后来，他又从大树、神经元细胞等结构中获得启示，事物之间的联系很重要，从而发明了思维导图。

换句话说，思维导图可以用纸把思维呈现出来，并把思考过程中的每个节点用线条联系起来，让思维具有层次感，让思考更有条理性、逻辑性。思维导图将看不见的思维过程可视化，称得上是人类的一项伟大发明。

思维导图是一种方法，也是一种工具。一开始，你可能会被它的颜值吸引，慢慢地，你会发现它“内有乾坤”。所以，如果套用一句时下的流行语来说明我对思维导图的感觉的话，那就是“始于颜值，忠于才华”。它不是一幅简单的画，而是大脑地图；它看似平面，实则内含多个层次，是立体的、多维的。

市面上关于思维导图的书有很多，但是在本书中，我将用自己的方式来介绍它，让你认识、了解思维导图这种好方法；同时，我也会分享自己学习思维导图时误入的那些“坑”，让大家防患于未然，少走弯路。相信本书会让大家爱上思维导图，爱上语文！

侯璨敏

作者序 2

有趣、有料又有效的好方法

虽然现在越来越多的人应用思维导图，但在应用过程中都或多或少地遇到了一些问题，许多人在应用一段时间后，甚至产生了“思维导图似乎也没什么效果”“用了思维导图之后，反而更浪费时间”等诸如此类的想法。

在与许多有此类想法的朋友交流后，我发现，并非这个方法有问题，而是他们在应用之前，并没有系统地学习这个方法，只是“依葫芦画瓢”而已。他们对于其中的逻辑关系、发散思考技巧等，并没有真正掌握。

面对这么好用又简单的方法，很多人却陷入应用误区，这是非常可惜的事情。因此，我萌生了编写一套帮助读者系统地学习思维导图的书籍的想法。在完成了《思维导图工作法》的书稿后，我想到了孩子们的学习，如果每个孩子都能掌握这个方法该有多好啊！这样他们就能轻松、高效地学习了！

我是一个说做就做的人，但我明白，思维导图应用于孩子们的学习，需要与学科教学相结合，而自己脱离学校太久，不可能独立做到与现今的学科教学高度契合。

幸好我有很多优秀的伙伴！侯璨敏老师是一位高中语文教师，也是我思维导图精英班面授课的毕业生，又在“思维导图武林计划”网络课中跟着我学习。

侯老师在学习思维导图之后，一直不断尝试将这个方法应用于自己的语文教学中，近三年来，她的努力也有了收获。她的教学论文获得了北京市海淀区第二届“风采杯”中学教师教学成果展示活动一等奖；单元教学设计和单元作业设计两项获得了北京市海淀区第三届“风采杯”中学教师教学成果展示活动一等奖。

侯老师不仅在高中语文教学上有着非常丰富的经验，在思维导图应用上也有着一定的权威性。因此，我邀请她一起来完成本书的撰写。

我们希望这种新的学习方法能给孩子们带来一股清流，让孩子们能更愉快、更有效地学习。实际上，无论哪一门学科，有了好的学习方法，就能帮助自己更高效地理解和记忆学习的内容。

接下来，就让我们一起在这本有趣、有料又有效的书中“遨游”吧！

王玉印

目录

第一章

提升阅读能力的利器——思维导图

遇见：思维导图的"颜值担当"

2017年7月9日，我报名参加了王玉印老师的网络课程"第六季思维导图武林计划"，因为开课时间在一个月以后，所以放假在家的我就自学了第五季的线上课程，一边上课，一边绘制思维导图。

在此献丑，拿出我画的第一幅思维导图——自我介绍（图1-1）。

图1-1　自我介绍

自我介绍，顾名思义，就是为了让别人了解自己，用思维导图进行自我介绍是一种创新的介绍方式。一般来说，可以用中心图把自己的名字转化成图像，用视觉化的方式加强别人对自己的印象。

这对于刚刚接触思维导图的我来说着实很难，而且我的名字“侯璨敏”三个字不容易转化。

思来想去，我选择用“外号”。因为我姓侯，属猴，大家都喜欢叫我侯侯，所以只需要画一只小猴子即可，于是就有了上面的思维导图。

上面的思维导图是在一张A4纸上绘制的，一眼看去，大家首先会聚焦于那只笨拙的小猴子，因为它位于这幅图的中心位置。为了突出中心，我选用黄色作为底色，涂出一个学生卡大小的区域，将此作为背景。这就是我这幅思维导图的主题，专业术语叫作中心图。

图1-2　中心图

中心图之外，大家还会注意到那些形似犄角、由粗到细的线条。它们从中心图出发，并与中心图紧密相连。它们负责呈现思维导图的框架，专业术语为主干。

图1-3　主干

这幅思维导图有四个主干，因此我将从四个方面来介绍自己，即职业、爱好、家庭、梦想。四个方面，四个方向。每个主干的颜色都不同，尤其是两两相邻的主干必须保持不同的颜色。这样可以帮助我们迅速区分信息的不同模块。

你也许会问，主干的数量有限制吗？是不是想画多少个就画多少个呢？

主干的数量由思维导图的框架结构决定，思维导图分几大板块来呈现内容就会有几个主干。一般来说要遵循“魔力之七”的原则。“魔力之七”是美国心理学家乔治·A. 米勒（George A. Miller）通过一个著名的实验及调查得出的结论，他指出，大脑一次性接收信息的容量为7±2个信息单元。这意味着，人类的大脑往往更容易记住少于七个信息单元的信息。因此，我们在思维导图上的主干数量也尽量以少于七个为佳。

那么，从主干延伸出来的、与它同色的小弧线又是什么呢？它们的专业名称叫作分支，负责呈现思维导图的脉络。

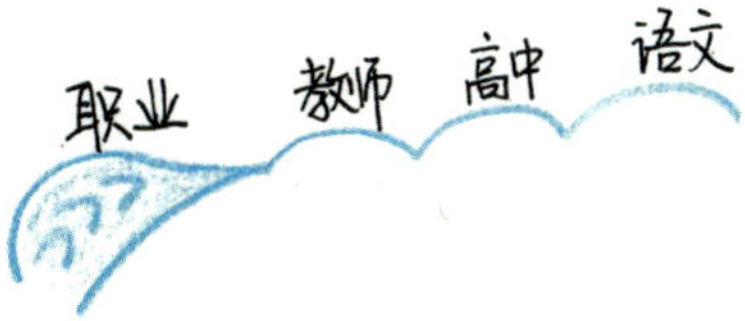

图1-4　分支

除了中心图、主干、分支，这幅思维导图里还有文字，文字是用来传达思维导图的具体内容的。文字必须写在线上，将其按照从左到右的书写习惯填在分支上。

一个当红团体组合，你一眼看到的是他们外在的形，也就是他们的“颜值”。在这里，我想把思维导图比喻成一个团体组合，中心图、主干、分支和文字就是这个组合能否当红的“颜值担当”。接下来，我会将这些要素分成两类，即图形和文字，再分别进行详细的讲解。

图：思维导图的图形

图包括中心图、主干和分支。因为主干、分支都是线条，也属于图形，因此，我也将主干、分支作为图形来介绍。

虽然我的第一幅思维导图也都具备这些要素，但是它的颜值并不高。那么，怎样才能展现“颜值担当”、吸引别人的注意力呢？四个字：图文并茂！

比较一下两幅思维导图（图1–5a和图1–5b），你首先会被哪一幅吸引？

是不是图1–5b的思维导图看上去更舒服一些呢？同样是自我介绍的思维导图，内容基本一样，为什么会出现这样的感觉呢？

图1-5a　自我介绍

图1-5b　自我介绍

这是因为我们容易被颜色鲜艳、图案醒目的画面吸引。换句话说，高颜值的思维导图的中心图应该是醒目鲜艳、能吸引人的，因此最好选择三种及以上的颜色来绘制，如果你不知道怎么搭配颜色，使用三原色——红、绿、蓝也是一种不错的选择。在颜色的选择上，要尽量少用浅色，明黄色更要慎用，因为它比较刺眼。

由此来看，图1–5a的思维导图完全撞进了“雷区”，整个中心图中“猴子”使用的三种颜色区分度不大，还用黄色作为背景色。而图1–5b的中心图则选用了玫红、蓝、棕和黑四种颜色，看上去更吸引人。

从图像寓意的角度来说，虽然图1–5b较图1–5a来说猴子的画法更简单，但图1–5b真正完成了将名字向图像的转化，“侯”可以让人联想到“猴子”，“璨敏”的谐音是“蝉鸣”，将二者组合到一起，表现为“猴子的尾巴上停着一只正在鸣叫的蝉”。

实际上，由于高中生时间宝贵，大家在绘制思维导图时可以在保持图像生动形象的前提下，尽量画得简单些，甚至可以多用软件，因为软件操作起来更简便、快速，可以帮助大家节省大量的时间。

除了中心图，两幅图还有什么不同呢?

主干

图1–5a都是犄角形的常见主干，图1–5b则有了变化：“爱好”的主干是猴子的尾巴；“梦想”的主干画成了翅膀的形状，这些都称为艺术主干，可以从中心图延伸出来，也可以根据主干的内容展开联想，然后绘制出相关的形状。艺术主干能够让思维导图显得更灵动、更漂亮。

如果是零基础的学习者可以先从画常见的主干开始，通过变化线条、图形，照样可以让它变得与众不同，当然，等你熟悉之后，就可以使用艺术主干，让思维导图变得更灵动。

分支

图1–5a分支延伸较长，线条比较生硬，图1–5b则柔和得多，线条的长度也适中，比线上面的文字略长，看上去和谐得多。

插图

比较两图，你还会发现，图1–5b除了中心图，在主干、分支上还有很多小图像，这叫作插图。插图也是非常重要的一部分，因为它们是用来标注关键内容或需要突出、强调的点或容易遗漏、出错的点等。

图像可以帮助我们加深记忆和理解。当电视上出现草莓的广告时，一定会配上令人垂涎欲滴的草莓图片或者吃草莓的视频，这会让我们有一种想吃的欲望，有时，仅仅看到图片或视频，我们的嘴里可能就会涌出口水来。由此可见，图像能刺激大脑，加深记忆。

因此，在每一幅思维导图中都需要在重点、难点处添加插图。需要注意的是，使用插图不仅仅是为了让思维导图看起来更美观，还为了切实地帮助我们加强记忆和理解。

连线

像图1–5b中，连线从“名片”主干之下的分支“职业”出发，连接到“梦想”主干之下的“课本”分支，这说明“梦想”中的一部分与我的职业相关。同时，连线的颜色由出发点的颜色决定，所以是橘色。

文：思维导图的文字

在思维导图中，既可以在中心图上书写文字标题，也可以在主干、分支上写具体的内容。

中心图中的文字

一般来说，中心图中的文字要稍大一些，其作用是辅助中心图，突出主题。但是，并不是所有思维导图的中心图都要加文字，比如前文中自我介绍的思维导图，假如你想让自己的名字保留一点神秘感，在别人猜想之后再进行阐述的话，也可以先不写文字。

但一般情况下，中心图中都应该有精炼的文字说明。虽然说“一图胜千言”，但图像表达的含义也可以有多种，过了许久之后，自己看自己画的思维导图时，可能也无法立刻准确地想起其主题是什么。

因此，要尽量在中心图上写上能准确表明主题的文字，这样既能瞬间明确主题的含义，又能根据图像加深记忆和理解。

线条上的文字

主干、分支上的文字，自然是写在线上，相对于中心图的文字应该稍小一点，并按照从左到右的顺序书写。

除此之外，前面提到的两幅思维导图的文字颜色也不相同，图1-5a中，我选择了全黑色，图1-5b中，我选择了线条色，即主干、支干的颜色。在我看来，全黑色的特点是醒目，与彩色的线条搭配相得益彰；线条色的特点是区域化，让思维导图的构成板块更明显，界限更清晰。

我早期绘制的思维导图，文字多以黑色为主；后期绘制的思维导图，文字以线条色为主，因为这样不用来回换笔，也节省了时间。当然，如何选择还是看个人的喜好。

我们在看到一张思维导图时，该从哪一部分开始阅读、理解呢？细心的你有没有注意到我介绍思维导图时的顺序呢？从中心图开始，再到主干，最后到分支，其实，这也是阅读思维导图的顺序。

因为思维导图讲究的思考顺序是由中心出发，逐层向外延伸的，离中心越近的内容就越重要。所以，无论是阅读还是绘制思维导图，都要先从中心图开始。然后从右上方起，顺时针方向依次阅读或绘制所有主干。接着是分支，从靠近中心图的一端开始，一层一层往外读，读完第一个主干的分支，再读第二个主干的分支……

绘制思维导图的“颜值担当”

第一步：绘制中心图

“颜值担当”这个词让我联想到美人，但画美人的难度太大，我便想到了“花容月貌”这个词，索性就画一个“花月亮”。

图1-6　绘制中心图

第二步：绘制主干

考虑到其主干只有两个，所以在画中心图的时候我特意画了“云遮月”，因此，云就变成了主干，这就是上文说的艺术主干。

图1-7　绘制主干

第三步：绘制分支

为了美化思维导图的整体布局，我们需要根据每个主干下内容的多少来确定分支的位置。可以直接用彩笔绘制，也可以先勾线后上色。

图1-8　绘制分支

第四步：添加小插图或者连线

如果有需要突出强调的地方，我们可以添加小插图；如果两个内容之间联系紧密，我们可以添加连线。

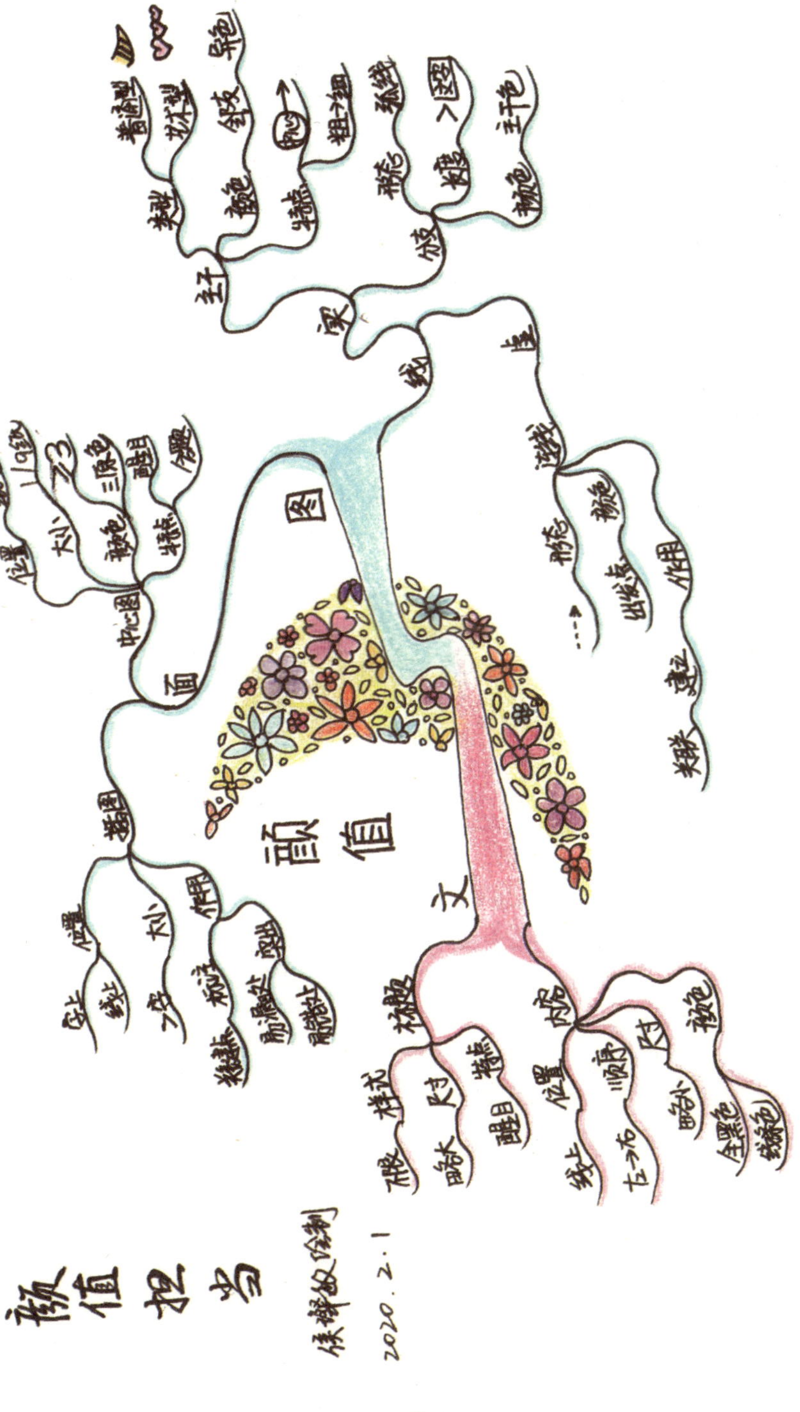

图1-9 “颜值担当”的思维导图

小试牛刀

按照以上步骤，绘制一张“自我介绍”的思维导图。

1.拿出一张空白A4纸，试着把自己的名字图像化，并把它画在纸的正中间，作为“自我介绍”的中心图。

2.你想从哪几个方面介绍自己呢？这些方面就是主干；分支就是每个方面的具体内容。

3.最后请你认真书写并涂上颜色，当然，如果能配上小插图或画出连线会更好，完成思维导图之后别忘了签名。

成长：思维导图的“实力担当”

核：关键词

关键词是思维导图的内核，简称核。

梳理出关键词后，才能在进行结构化思考的时候，逻辑清晰，思维发散。因此，关键词是核心中的核心。

定义

语文教学中常说，词不离句，句不离段，段不离篇，篇不离中心。也就是说，一篇文章中，篇由段构成，段由句构成，句由词构成。简单、关键的词便是一句话、一段文字、一篇文章的核心，抓住了词就抓住了句的中心、段的层次、篇的脉络。就一句话而言，关键词是句子的主干，即主、谓、宾；就一段文字而言，关键词是出现在关键“节点”的词，比如段落的开头或结尾、段落的中心句等，也是最能表达该段文字的主要内容且契合其中心的词；就一篇文章而言，关键词就是题目的核心词，或是反复在文中出现的词，暗示着文章的行文脉络。

由此可见，关键词的特点是简单、重点，它能表示实际意义，比如名词、动词、形容词，也可以是数词、副词等。关键词出现的频率很高，抓住了关键词，复述文章的内容就不成问题了。

精髓

关键词的精髓是one word，就是指一个字、一个词、一个概念。

举例来说，“看书”一词，从语言学的角度来说属于动宾结构，“看”是动作，“书”是对象。“看书”不能作为关键词，因为它是两个实词，拆开之后，两个字都有实在的意义。“看”的对象除了书，还可以有电影、图片、展览等，“书”对应的动作还有读、背、听、买等，因此，“看”和“书”应该拆开，分别放在两个分支上。

而像“名词”“心旷神怡”“中华人民共和国”“知识就是力量”等，它们是概念、成语、专有名词、名言，是一个整体，一般不能拆开，因为它们符合one word的原则。

因此，关键词可以是一个字，也可以是多个字，可视具体情况而定。如果是多个字，在思维导图里最好用“飘带”或者“指示牌”来标注，以示区别。

图1-10　飘带、指示牌

应用

首先，我们可以通过抓取关键词，轻松快速搞定病句修改。

修改病句是语文考试中的常见题型，做此类题时，我们要先判断这个句子是不是病句。

举一个简单的例子：

在延期开学的情况下，刘老师主动挑起了为请假老师代课的任务。

乍一看，这个句子似乎没什么问题，但是只要把句子主干，即主语、谓语、宾语单独拎出来，问题就暴露出来了。我们用one word的形式标注出来，如下：

刘老师　挑起　任务

这样一来就能瞬间发现句子的问题。当然，有时候病句可能不止一处。关于这个句子，可以改“挑起”为“承担”，也可以改“任务”为“重担”。

其次，我们还可以通过抓取关键词，更好地进行作文审题。

我们可以将作文题目中的各个要素进行拆分，帮助自己准确把握题目的核心，然后再围绕核心展开文章内容，这样写出来的文章才不会离题。比如，北京市海淀区2019—2020学年高一年级第一学期期末调研语文卷的作文题“有一种成长让你骄傲”，我们可以通过提取标题中的关键词来审题。

题目中有三个关键词：成长、你、骄傲，核心是“成长”，对象是“你”，结果是“骄傲”，用one word的形式标注出来：

（一种）成长（让）你 骄傲

这样一来，你在构思这篇作文的时候就会考虑这三个要素，自然也会围绕这三个方面来写作了。

“成长”可以指任何事物的成长、发展、变化。文中的“你”，应该是没有成长时的某个对象，人或物都可以。作为作者的“你”，要从旁观者的角度或者说第三视角去告诉文中的“你”某些事物或道理，比如，从京张铁路发展到京张高铁，让詹天佑骄傲；深圳从小渔村发展成为国际化城市，让邓小平骄傲；从荒漠到森林，让塞罕坝第一代造林者骄傲，等等。这样就不会把“让你骄傲”写成“让我骄傲”了。

最后，我们还可以通过抓取关键词，快速理解和记忆课文。

下面我们通过一篇短文《四季之美》来练习一下抓取关键词。短文选自人教版部编本五年级上册语文第22课，作者是日本的清少纳言，译者是卞立强。请试着找出文中的关键词，可以在文章中直接圈画出来。

四季之美

春天最美是黎明。东方一点儿一点儿泛着鱼肚色的天空，染上微微的红晕，飘着红紫红紫的彩云。

夏天最美是夜晚。明亮的月夜固然美，漆黑漆黑的暗夜，也有无数的萤火虫翩翩飞舞。即使是蒙蒙细雨的夜晚，也有一只两只萤火虫，闪着朦胧的微光在飞行，这情景着实迷人。

秋天最美是黄昏。夕阳斜照西山时，动人的是点点归鸦急急匆匆地朝窠里飞去。成群结队的大雁，在高空中比翼而飞，更是叫人感动。夕阳西沉，夜幕降临，那风声、虫鸣，听起来也愈发叫人心旷神怡。

冬天最美是早晨。落雪的早晨当然美，就是在遍地铺满白霜的早晨，或是在无雪无霜的凛冽的清晨，生起熊熊的炭火，手捧着暖和的火盆穿过走廊时，那闲逸的心情和这寒冷的冬晨多么和谐啊！只是到了中午，寒气渐退，火盆里的火炭，大多变成了一堆白灰，这未免令人有点扫兴。

《四季之美》是一篇写景的散文，所以，在找关键词的时候要重点关注景物及其特点。其实，题目已经告诉我们文章的重点了，所以我找出了以下关键词：

四季　美　春天　黎明　东方　天空　晕　云　夏天　夜晚　明亮　月夜　美　暗夜　萤火虫　舞　雨夜（细雨的夜晚）　萤火虫　飞　迷人　秋天　黄昏　斜照　动人　归鸦　窠　飞　雁　比翼　飞　感动　西沉　风　虫　心旷神怡　冬天　早晨　雪　霜　炭火　暖和　火盆　寒冷　闲逸　和谐

一篇334字的文章，找出了81字的关键词，将文章内容压缩了80%左右，这是很惊人的。由此可见，在面对庞杂的信息时，关键词可以帮助我们快速锁定需要的、有用的信息。那么，如何检验自己所找的词是不是关键词呢？其实很简单，如果能够用这些词复述出文章的大致内容，那就说明选对了。

法：结构化思考

结构化思考是思维导图中的另一个“实力担当”，只有在提取关键词的基础上才能做到，我将其简称为“法”。

内容

结构化思考包括两部分，第一部分是归纳思考，第二部分是发散思考。归纳思考可以帮助我们吸收外界的信息，并将之整理归纳，使思路越来越清晰；发散思考可以帮助我们梳理自己内在的想法，让我们的想法更完善、更有创意、更有逻辑，也能让自己的知识形成体系。

归纳思考的时候，要注意两个原则。第一个是同阶层同属性原则，第二个是MECE原则（Mutually Exclusive Collectively Exhaustive，简称MECE，意为互斥且穷尽）。

在思维导图中，从中心图开始，主干和各级分支之间都有一定的联系，这就是思维导图的逻辑层次。每个层次有共同的特点，我们称之为同一个阶层。

在同一个阶层中，我们要求词义必须是可以并列的，这就叫作同阶层同属性。根据这个阶层属性，我们可以将内容进行梳理、分类归纳，换句话说，这个阶层属性就相当于分类依据。

比如下图：

图1-11　同阶层同属性示例

水果、蔬菜属于食物，所以，它们属于同一个阶层；苹果、香蕉、梨是水果，它们属于同一个阶层、同一个属性；土豆、黄瓜、白菜是蔬菜，也是同在一个阶层、属于同一属性。

回到《四季之美》这篇文章，在提取出关键词之后，需要找出它们的内在逻辑，通过不同的阶层属性，对它们进行分类归纳。

文章的题目是“四季之美”，其实这个题目也是文章的主题。文章中的四个段落分别对应四个季节以及每个季节不同的美，这是文章的框架。因此，春夏秋冬四季就是第一阶层，它们都是季节，因此也是同一属性。

四季的美景实在太多，作者聚焦不同的时段，写了不同的景物。

作者选取了黎明时分的天空、晕和云来写春季的美；选择夜晚时分，通过描写月夜的月亮，暗夜和雨夜的萤火虫来写夏季的美；写秋季的美时则选择了黄昏时分，夕阳斜照西山时看到的归鸦、大雁，西沉时听到的风声、虫鸣；写冬季的美时，作者选择了早晨，描绘了雪与霜的冷和炭火的暖之间的和谐。

黎明、夜晚、黄昏、早晨，它们都是作者选取的时间，属于同一个阶层、同一个属性；天空、晕、云、月夜、雨夜、归鸦、大雁等都是作者选取的具体景物，它们又是另一个阶层的某个属性。

这样一层一层地延展，从抽象的、大的阶层延展到具体的、小的阶层，思维导图的逻辑层次就展现出来了。

实际上，将这些关键词按照同阶层同属性的原则进行归纳的过程，就是建立逻辑的过程。这样归纳梳理之后，文章的结构层次就能一目了然，不管你接下来是做题还是背诵，都会轻松得多。此时此刻，思维导图（图1–12）已经在你心中。

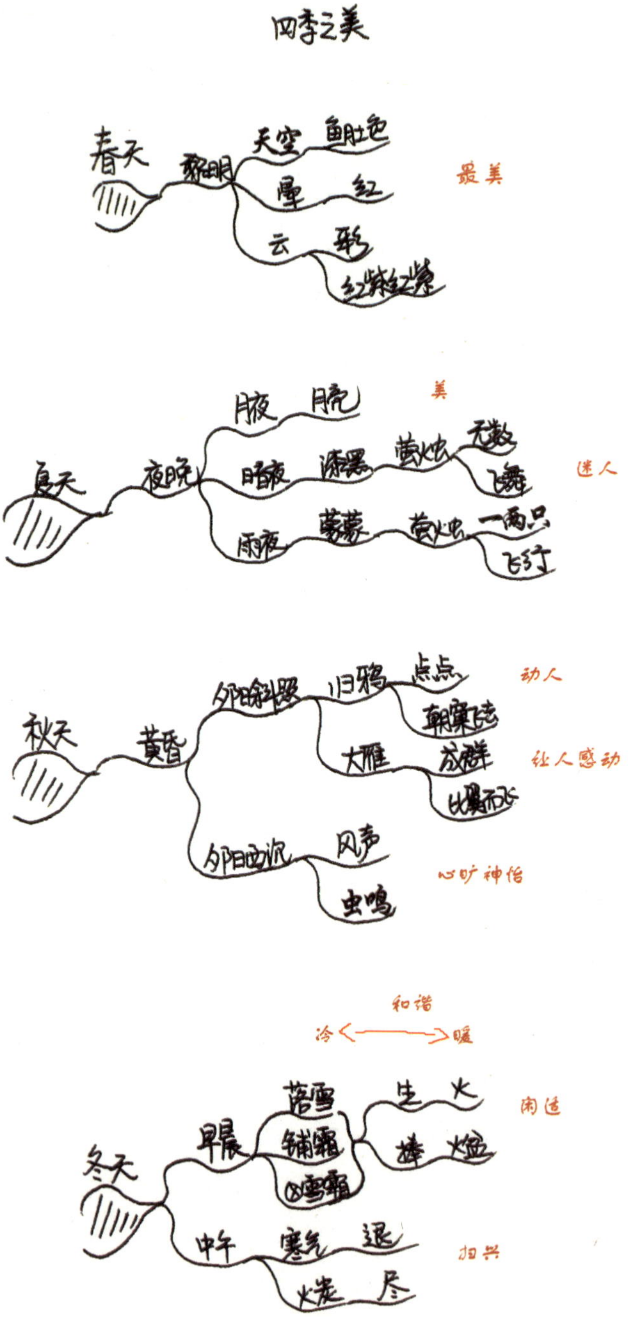

图1-12 《四季之美》各部分的思维导图

中心图

文章围绕着春夏秋冬四季展开，我选择了四叶草形的外框，一片叶子代表一个季节。那么，该如何体现四季的不同呢？最简单的方法就是用颜色来区别：

春天，万物复苏，春暖花开，于是我选择了粉色填充背景；

夏天，绿树成荫，郁郁葱葱，于是我选择了绿色填充背景；

秋天，稻穗成熟，落叶飘零，于是我选择了黄色填充背景；

冬天，冰天雪地，银装素裹，于是我选择了蓝色填充背景。

再加上春、夏、秋、冬四个字，主题就很明确了。

主干

主干其实就是中心图的四个叶片，因此其分支的颜色自然也是一样的，并与季节一一对应。

在绘制思维导图的过程中，要不断提高自己提取关键词和建立逻辑层次的能力，最好的办法就是做文本分析，提炼文本的核心内容，梳理作者的思路，关于这点，我将会在之后的章节进行详细的讲解。

我们梳理的逻辑关系，既要符合逻辑思考中同阶层同属性的要求，也要符合MECE原则的要求。

MECE原则是芭芭拉·明托在《金字塔原理》中提出的，即互斥且穷尽。也就是在进行思维的“收敛”时，其逻辑分类要包括所有的信息，并且其信息只属于某一个分类。举个简单的例子：

宋词按篇幅长短来分类（明刻本《类编草堂诗余》的分法，后世沿用至今），58字以内的短词是小令，59字至90字为中调，91字以上者为长调。

图1-13 《四季之美》思维导图

这个分类方式很好地诠释了“穷尽”的意义，所谓“穷尽”就是指任何一首词都能被分到这三个类别之下，如果按篇幅长短来分类，宋词只有这三种，绝无其他。这个分类同时又诠释了“互斥”的意义，因为任何一首词的篇幅要么在58字以内，要么在59—90字之间，要么在91字以上，绝不可能出现既是小令又是中调的词。

在这里需要提醒一下大家，分类罗列的时候，千万不要出现“其他”这一类别。因为“其他”的类别中可以放任何东西，虽然实现了穷尽，但不符合互斥原则了。

其次，我们来说说发散思考。说到发散思考，有人说这与我们的想象力、阅历、知识面有关，其实不然。

比如问你，你能想到哪些娱乐活动？可能你想到的是玩游戏、看电影、看书、听歌等。好像短时间内想到的活动并不多，那么，是你不知道吗？并不是！那为什么想不出那么多呢？实际上，这还是与每个人的思考方式有关。要做到文思泉涌，首先要找到“核”，也就是关键词。接着，还要遵循一定的思考原则，那就是被玉印老师戏称为“十二字真经”的一句口诀。

第一步：用最小概念作为关键词

如果把上述联想的内容进行拆分，做到one word，会是这样：

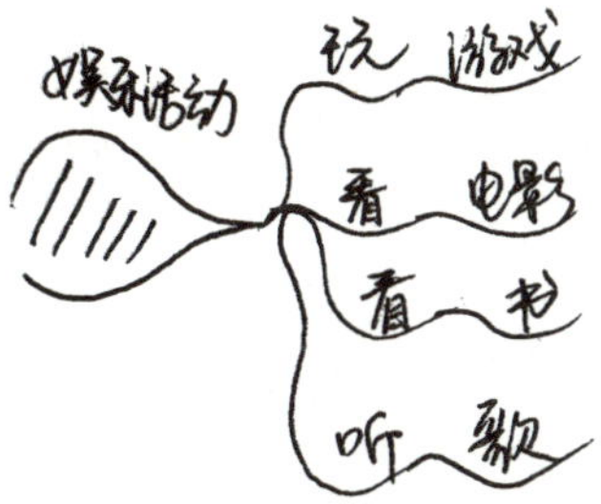

图1-14　娱乐活动发散1

第二步：念好“十二字真经”

当我们把关键词做到one word的时候，便有了更多的思路。比如，我们把“玩”和“电脑”分开，就自然而然会想到，除了玩电脑还可以玩桌游、玩扑克、玩乐高等。“看”的对象可以是电影、书、电视剧等。这一联想过程在“十二字真经”中的表达是，寻找同类。

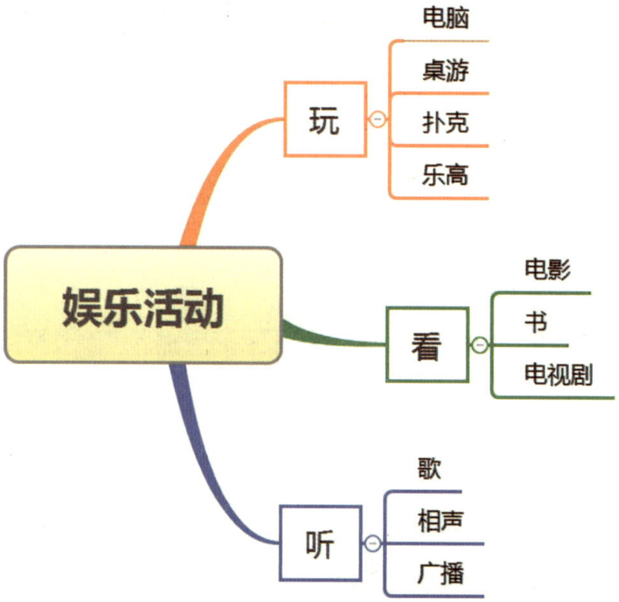

图1-15　娱乐活动发散2

那么，另外八个字是什么呢？那就是，上找大类，下找小类。

我们仔细观察上图，总结一下，如果要给它们找一个大类，你会找什么呢？如果是我的话，我会觉得这些都是比较“安静”的娱乐活动，那么，是不是可以在这些具体的娱乐活动前面加一个大类“静”呢？既然想到了“静”，就会想到“动”。

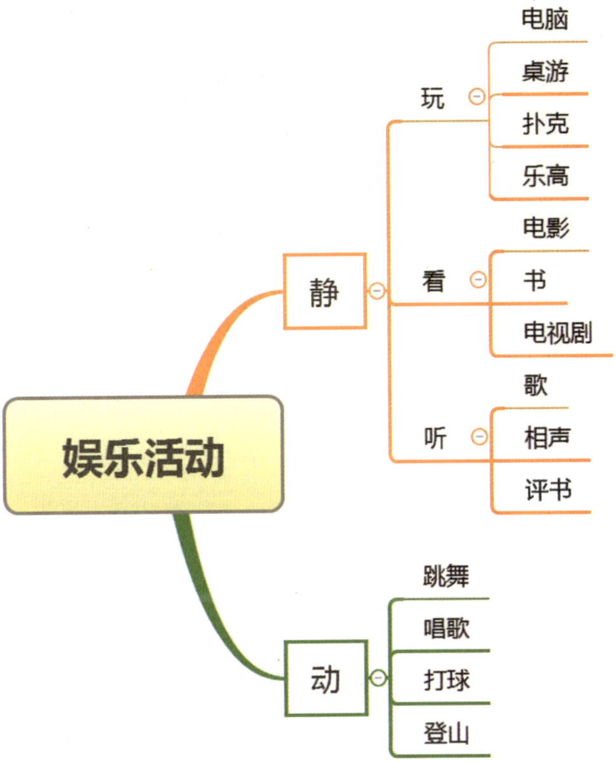

图1-16　娱乐活动发散3

写出“静”和“动”，就是上找大类。那么，“动”后面的跳舞、唱歌等，就是“动”这一类别下的小类。当然，你还可以在跳舞后接上广场舞、民族舞等，打球后面接上篮球、网球等，这就是下找小类。

实际上，你会发现，思维导图中的每一个枝干，都是一个新的思路，只要稍动脑筋，想法就会源源不断地涌现出来。这就是思维导图中发散思考的魔法——“十二字真经”。

如果关键词都能用最小概念，在发散思维时，你就能按类挂上“钩子”，产生更多的思路，从而获得更多点子、想法。

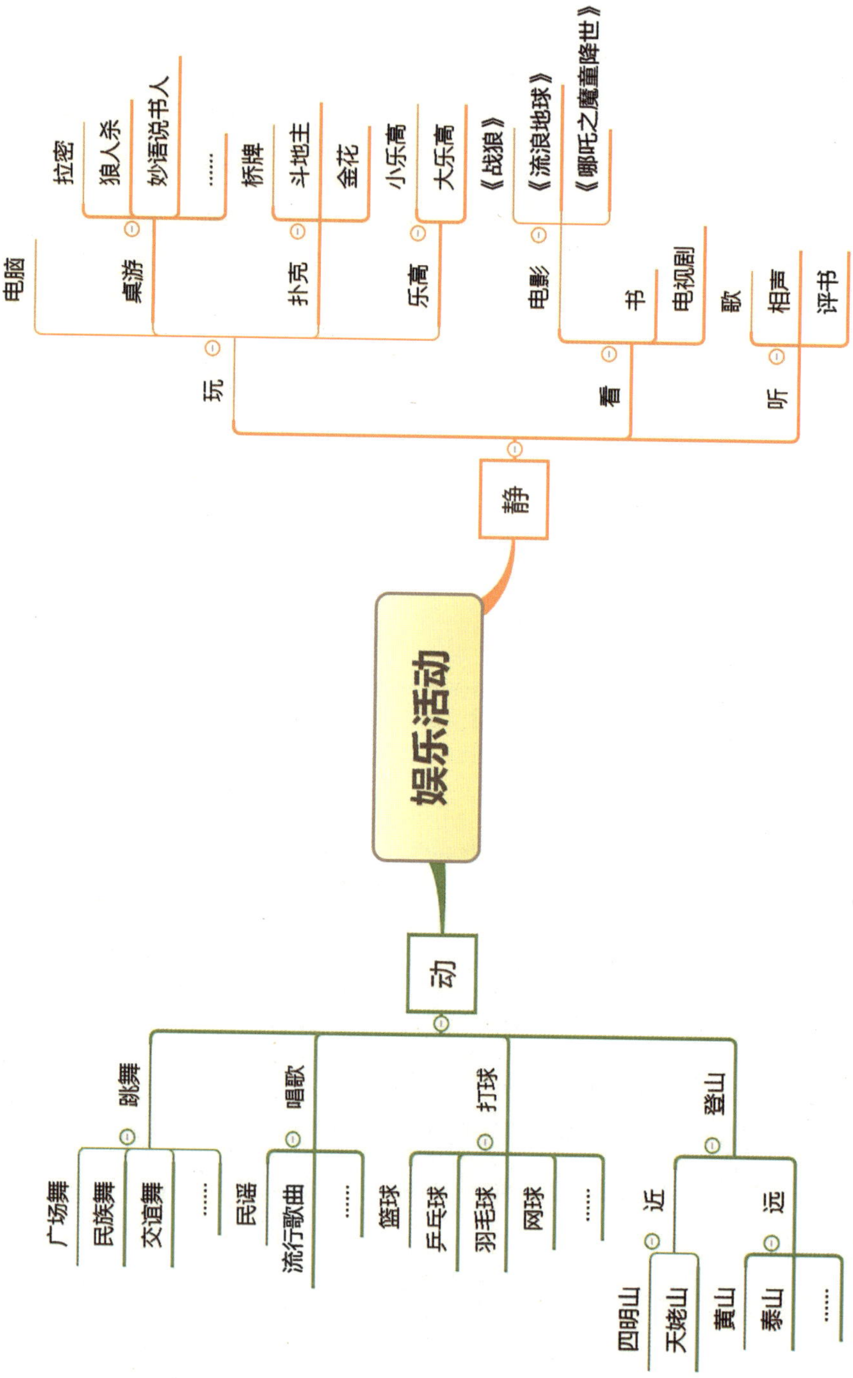

图1-17 娱乐活动发散4

以下是我在玉印老师的这节课上的听课笔记。

图1-18　BOIS（基本结构建立）听课笔记思维导图

应用

学会了思维导图中发散思考的核心要诀，也就有了思考的利器，下一步便是学会灵活运用它，让我们一起迎接挑战吧！

作为语文老师，我深深地知道，写作对大家来说是一个大难题，接下来我们以写作为例，看看如何运用关键词和结构化思考，让你的大脑飞速运转吧！

阅读下面的材料，按要求作文。

当前，越来越多的外卖服务出现在我们身边，消费者通过电话或网络订餐，可以迅速满足需求。“叫外卖”已经成为我们的一种生活方式。有人认为这体现了“互联网+”的生活理念；有人说外卖给人们的生活带来了极大便利；也有人认为，过度依赖外卖，降低了人们的劳动意愿；还有人说外卖带来了交通问题和环境污染问题……

对此，你有怎样的思考？请自选角度，自定立意，自拟题目，写一篇议论文。

这个题目是北京市2018年春季高中会考（语文）的第17题。

第一步：圈关键词

请你先将材料部分认真读一遍，并把关键词圈画出来。

当前　越来越多　外卖　消费者　迅速　满足　需求　“叫外卖”生活方式　体现　“互联网+”理念　带来　便利　过度依赖　降低　劳动意愿　交通　环境污染……

第二步：梳理信息

题目中“对此”的“此”指的是什么？那就是外卖。

根据我们圈画的关键词可以将材料提供的信息梳理为：

1.外卖服务越来越多，这是现状；

2.外卖能够迅速满足需求、带来极大便利，这是从消费者的角度来谈外卖的好处；

3.降低劳动意愿、交通问题、环境污染问题，这是从消费者和社会的角度来谈外卖的弊端；

4.省略号告诉我们，只要围绕“外卖”进行发散思考，那就是合乎题意的。

第三步：发散思考

关于外卖，除了文中阐述的现状，你还能想到哪些现状？

关于外卖的利与弊，除了文中给出的消费者、社会等角度，你还能想到哪些角度？

关于外卖，你还能想到哪些方面呢？

动脑筋想一想，把你想到的写下来吧！写的时候，一定不要忘记“十二字真经”，也就是说，当你有一个想法的时候，一定要看看它和中心词之间是不是还有阶层。

比如材料中提到“体现了‘互联网+’的生活理念”“外卖给人们的生活带来了极大便利”，这与外卖之间该如何建立联系呢？它们的共性是，都是讲外卖的利；“过度依赖外卖，降低了人们的劳动意愿”“带来了交通问题和环境污染问题”，它们的共性是，都是讲外卖的弊。

将以上利弊组合起来就是在讲述外卖对人们生活的影响。既然有影响，我们就可以提建议、谈措施，顺着这个思路再展开，你会发现可以写的内容越来越多了。这就是结构化思考中发散思考时很重要的一环：找中间阶层，抓大类，找小类。

我们可能会发散出下面这些内容：

外卖的现状：

外卖平台发展迅速，美团外卖、饿了么两家外卖平台优势凸显，个别餐饮品牌提供一站式服务；“外卖小哥”越来越多，电动车数量剧增，外卖小哥穿着颜色靓丽的制服，骑着电动车，穿梭于大街小巷，成了一道靓丽的风景线；消费者的就餐方式发生着改变，其现状由原来的“民以食为天”变成没空做饭，越来越多的人加入到点餐的行列中，足不出户即可吃到自己想吃的东西；商家一个个赚得盆满钵满，生意做得热火朝天。

由现状我们可以联想到外卖产生的原因。

外卖产生的原因：

不断加快的生活节奏正在改变就餐方式；迅猛发展的科技，互联网+；商家低投资高收益的想法等。

由原因我们又会联想到外卖的影响。

外卖的影响：

利：

对消费者来说，外卖解放了家庭主妇或“家庭煮夫”的双手，拯救了“单身贵族”；

对商家来说，促使其创新菜品、提升服务、升级食品安全保障；

对外卖小哥来说，磨砺出不辞辛苦、任劳任怨的品质；

对社会来说，解决了部分就业问题，传递正能量，树立道德典范。

弊：

对消费者来说，美食由以前的“从做到吃”，变成“从点到吃”，完全没有享受生活的感觉，生活的味道缺失了；

对外卖小哥来说，唯快是图，安全事故频发；

对商家来说，为谋求更多利润不择手段甚至不惜做假；黑作坊露头，食品安全不能保证；

对社会来说，由于行业门槛低，外卖小哥和商家素质参差不齐，产生了一些安全问题；增加了一次性污染，产生了过多的白色垃圾。

由外卖的影响，我们可以提出一些建议：

给外卖的建议：

对外卖小哥：要秉持顾客至上的理念，持证上岗；在拼速度、拼体力的同时还要提高安全意识。

对外卖平台：要提高行业门槛；对外卖小哥进行卫生、安全方面的培训；加大信誉评定和用户满意度测评的力度；及时处理消费者和商家的投诉，采纳消费者和商家的合理建议。

对商家：要诚信经营；使用环保餐盒，提醒顾客自备餐具。

对政府：要出台相关的政策、法规，规范外卖行业市场。

对消费者：要尊重和认可外卖小哥，哪怕只是一句谢谢，一个好评；选择安全放心的平台和商家。

我相信大家写出来的内容会比我多，在这样的思维发散之后，你还担心没有内容可写吗？还担心写不够700字吗？当然不会！

第四步：聚焦思维

你可能会产生这样的疑问，发散思考出来的所有内容都需要写进文章里吗？当然不是，我们还需要从发散出来的内容中，选择自己最需要或最容易展开的两三点，按照议论文的行文逻辑进行组合，这样才能写出一篇符合题意的作文。

绘制思维导图的“实力担当”

思维导图有了关键词，就好比阿基米德有了能撬动地球的支点；再有结构化思考的加持，就好比获得了能撬动地球的杆，剩下的就是去撬动它！

接下来，我们一起绘制“思维导图的实力担当”的思维导图（图1–19）来复习这部分内容。

绘制的步骤还记得吗？先绘制中心图，然后绘制主干，再绘制分支，最后加插图或者连线。

中心图

我选择了一颗钻石，你看出来了吗？“实力”是个抽象的词，要将其形象化，有一句歌词是“钻石给我力量”，所以我就联想到钻石。

主干

我把思维导图的“实力担当”分成核与法两个部分，核就是关键词，法就是结构化思考。

到此，思维导图组合里的成员都已经悉数登场，接下来，需要不断地磨合，让它们形神合一，这样就能产生1+1＞2的效果，这才是一幅真正的思维导图。

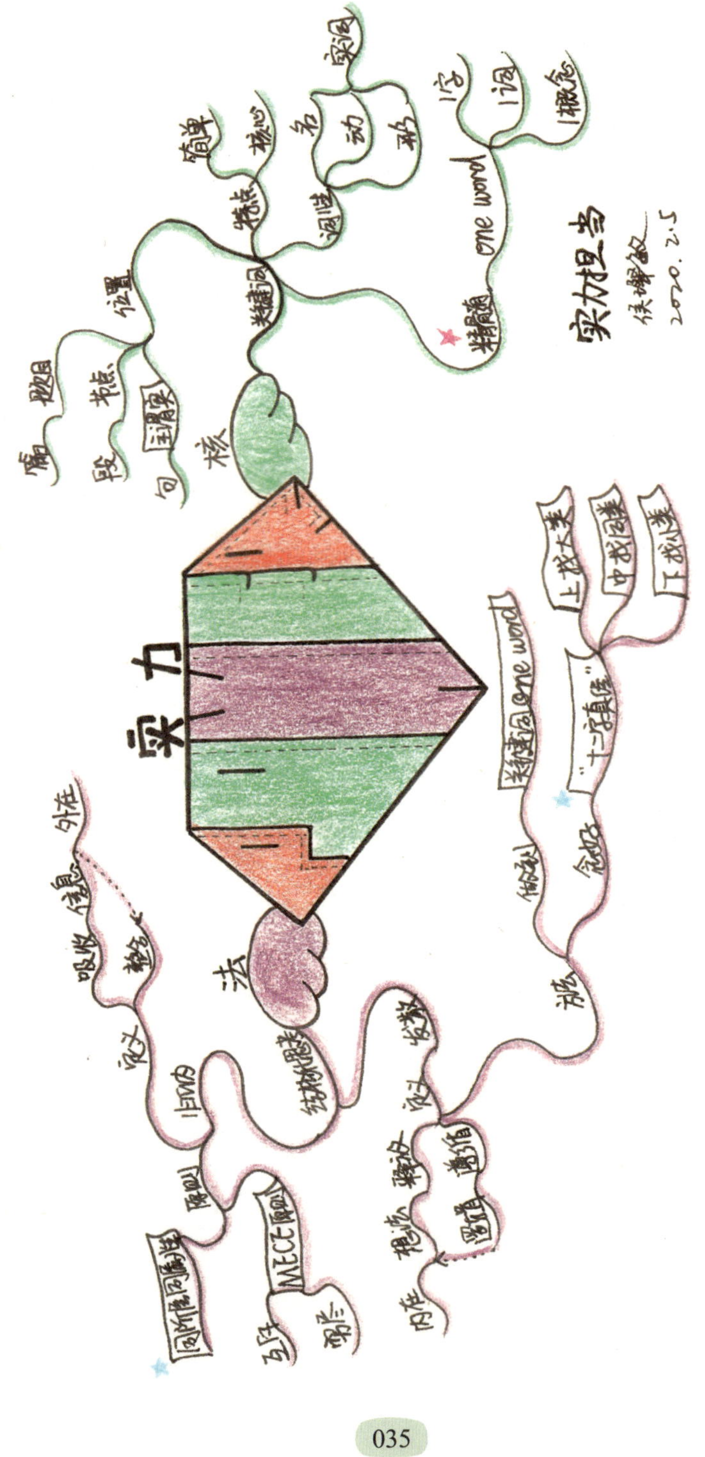

图1-19　“实力担当”的思维导图

小试牛刀

试着绘制一下前文中的“外卖现象”作文的思维导图吧，你是否能想得更多、更全面、更有创意呢？

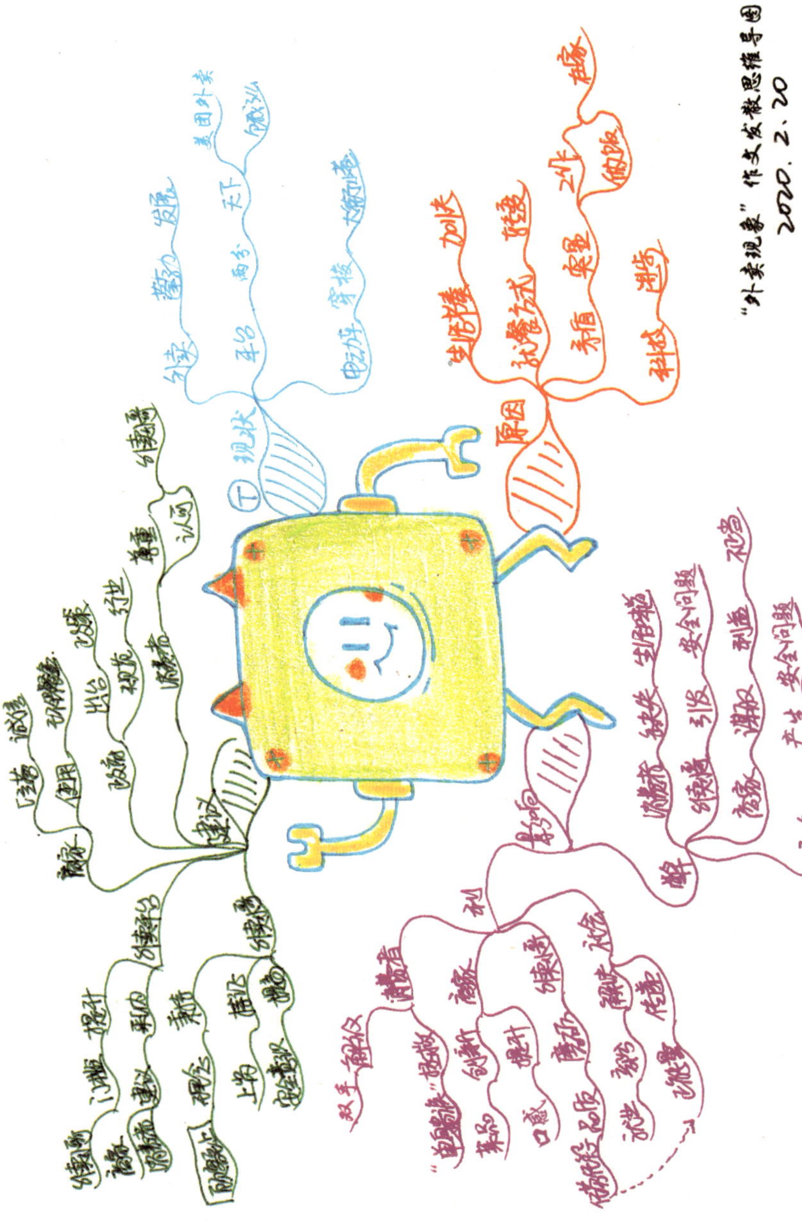

图1-20　"外卖现象"作文发散思维导图

彩蛋：避免踩“坑”

在本小节，我将为大家介绍一下自己曾经误踩的那些“坑”，大家在以后学习思维导图的过程中，一定要记得迈过去！

一、绘制思维导图，装备一定要齐全？No！

不知道你是否与我一样，做一件事情之前先把装备准备好，比如，想要跑步锻炼身体，先买双舒适的跑步鞋，顺便再搭配一身合适的运动装，配一款合适的蓝牙耳机……但是，这些装备中又有多少是你真正需要的呢？其实你最需要的只不过是一双舒适的跑步鞋而已。

一开始学画思维导图时，我也买了不少装备，各色的笔、各种型号的纸等。我经常自嘲：“画得不咋地，装备还挺齐全！”几年下来，我发现最好用的其实是四色圆珠笔和黑色签字笔，如果你希望自己思维导图的颜色更丰富，6—12色的笔足矣。

二、绘制思维导图，画完主干才能画分支？No！

绘制思维导图的顺序应该是画完所有中心图后再画主干，画完所有主干后再画分支。因为思维导图最重要的是逻辑结构，一旦这种结构被打破，那么你的思维就与传统的线性思维没什么区别了。其实，主干不一定要先画完，只需要根据主干的数量以及主干下内容的多少来确定主干的大概位置即可，主干位置确定了，一幅思维导图的布局就基本定下了。再加上思维导图的线条是舒展的、柔和的，可以向任何方向延伸，因此，你完全不用担心思维导图的布局。

三、绘制思维导图，先打草稿后上色？No！

初学思维导图时，我心里没底，害怕犯错，担心画出来的思维导图不够完美，所以总是先打草稿，再上色，这就导致一幅思维导图需要花费很长时间才能完成。时间久了，这便成了一种习惯，而改变习惯又花了更长的时间。

实际上，绘制思维导图时最好一次成图，如果出现错误可以在原图上删改，这样能够保留你思考的过程，只有不断经历这样的过程、不断“逼迫”自己，你才能成功。

四、绘制思维导图，中心图要画得漂亮？No！

一开始我也经常被那些中心图画得很漂亮的思维导图吸引，也想画出那样吸引别人眼球的思维导图。

但实际上，并不需要那么做！思维导图的重点是逻辑结构，绘制思维导图是为了使用它，而不是把它当作摆设。所以，之后我绘制的思维导图，中心图越来越简单，最后甚至简单到只有文字了。当然，文字还须醒目，可以绘制比较简单的粗体字，或者稍微复杂的艺术字，配以云朵形、对话框、扇形、花形等边框；在颜色的使用上，用到三种颜色即可。思维导图的“颜值担当”固然重要，但是，起决定作用的终究还是“实力担当”。

本章的最后，我想大声地对你说：

毛毛虫也可以破茧成蝶，

武林小白也可以成为武林盟主，

没有什么不可以！

永远不要说自己不行，

没有试过，怎么知道不行呢？

万一成功了呢！

第二章

框架建构可以这样轻松（so easy）

语文学科同其他学科一样，也有自己的知识系统，以往进入高三语文总复习的时候，我才带着学生梳理系统。因为高三的教学以专题为主，主要采取逐个专题梳理知识点的方式，而这种纯知识性的课是在老师不停地翻PPT（幻灯片）课件、学生不停地记笔记的过程中度过的，枯燥乏味就成了它的代名词，学生听了很多遍还是不明白，加之语文学科知识点多而杂，容易混淆，一到做题，学生依然不知道从哪里下手。

我反思过这个问题，知识体系的建构能不能从高一入学就开始，甚至更早呢？学生在平时的学习过程中，就开始积累并梳理分类，这样一来，学生到高三就能驾轻就熟地建立起知识框架。整个知识体系的建构都是学生自己主动完成的，而不是老师灌输的。在不断积累整合的过程中，知识体系就如同画卷一般徐徐铺展，因而能深深印在学生的脑海里。

拿文言虚词来举例，《考试说明》明确了考试范围与要求：

古诗文阅读

理解常见文言虚词在文中的意义和用法

常见文言虚词：而、何、乎、乃、其、且、若、所、为、焉、也、以、因、于、与、则、者、之

学习过一篇或者一个单元的文言文后，是不是就可以考虑开始积累整理呢？当然可以！我们可以从文言虚词小思维导图开始。

小思维导图是一种简单的思维导图，在整理局部知识的时候可以采用这一形式。它由一个主干和多个分支构成，可以画在有限的空间里。它不讲究颜色，因此，一支黑色中性笔就可以随手画，是不是感觉很棒？

文言文建构

文言虚词

关于文言虚词小思维导图，主干就是需要整理的虚词，分支就是这个虚词的不同用法，二级分支就是虚词的意义，再下一级分支是例句，例句跟用法、意义相对应。如下图。

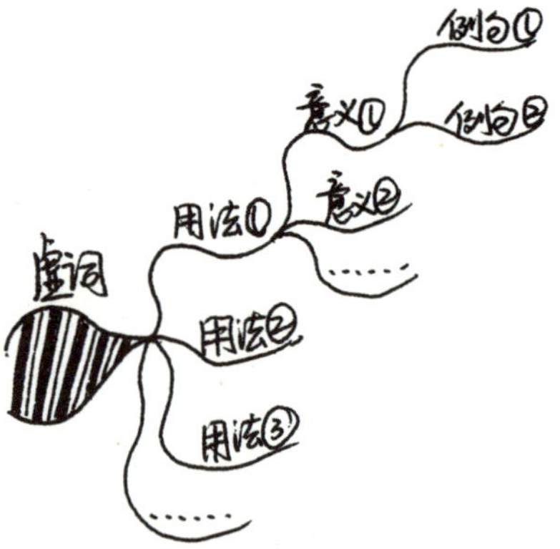

图2-1　文言虚词小思维导图

比如，《赤壁赋》中关于“之”的例句有：

（1）壬戌之秋
（2）苏子与客泛舟游于赤壁之下
（3）诵明月之诗
（4）歌窈窕之章
（5）月出于东山之上
（6）徘徊于斗牛之间
（7）纵一苇之所如
（8）凌万顷之茫然
（9）倚歌而和之
（10）舞幽壑之潜蛟
（11）泣孤舟之嫠妇
（12）此非孟德之困于周郎者乎
（13）况吾与子渔樵于江渚之上
（14）驾一叶之扁舟
（15）渺沧海之一粟
（16）哀吾生之须臾
（17）羡长江之无穷
（18）盖将自其变者而观之
（19）自其不变者而观之
（20）且夫天地之间
（21）苟非吾之所有
（22）惟江上之清风
（23）与山间之明月
（24）耳得之而为声
（25）目遇之而成色
（26）取之无禁
（27）用之不竭
（28）是造物者之无尽藏也
（29）而吾与子之所共适
（30）不知东方之既白

框架建构的步骤为：

第一步：写出虚词的用法和意义

第二步：合并意义和用法同类项

1.助词，的。

2.动词，到，往。

3.助词，定语后置的标志。

4.助词，音节衬字，补充音节的作用。

5.助词，用在主谓之间，取消句子的独立性。

6.代词，代指水与月。

7.代词，代指清风、明月。

先将意义相同的句子归到一类，这是小类；

1.助词，的。

（1）壬戌之秋。（2）苏子与客泛舟游于赤壁之下。（3）诵明月之诗。（4）歌窈窕之章。（5）月出于东山之上。（6）徘徊于斗牛之间。（10）舞幽壑之潜蛟。（11）泣孤舟之嫠妇。（13）况吾与子渔樵于江渚之上。（14）驾一叶之扁舟。（15）渺沧海之一粟。（20）且夫天地之间。（21）苟非吾之所有。（22）惟江上之清风。（23）与山间之明月。（28）是造物者之无尽藏也。（29）而吾与子之所共适。

2.动词，到，往。（7）纵一苇之所如。

3.助词，定语后置的标志。（8）凌万顷之茫然。

4.助词，音节衬字，补充音节的作用。（9）倚歌而和之。

5.助词，用在主谓之间，取消句子的独立性。（12）此非孟德之困于周郎者乎。（16）哀吾生之须臾。（17）羡长江之无穷。（30）不知东方之既白。

6.代词，代指水与月。（18）盖将自其变者而观之。（19）自其不变者而观之。

7.代词，代指清风、明月。（24）耳得之而为声。（25）目遇之而成色。（26）取之无禁。（27）用之不竭。

所有的句子根据意义不同分为上面七类，这是思维导图的二级分支。

再将用法相同的句子归到一类，这是大类。

这时候你会发现，虽然“之”有七种意义，分成七个小类，但实际上只有三种用法，也就是三个大类，即助词、动词和代词。这可以作为思维导图的一级分支。

第三步：挑选典型、重要例句

从以上30句句子里，遵循每种意义选取1—2句例句的原则，选择具有代表性的句子。一般来说，选取老师在课上讲解的句子较为稳妥。

在学习一篇文言文的时候，可以在虚词右上角标上序号小角标，如果用法和意思相同就标上相同的数字，可参考下图。

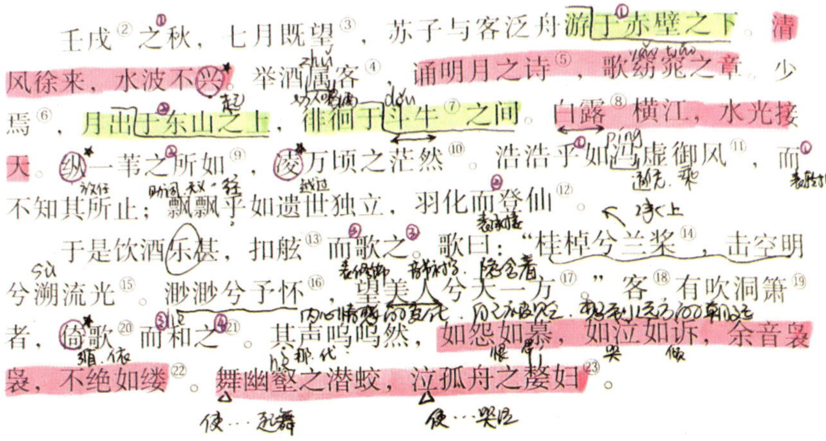

壬戌②之秋，七月既望③，苏子与客泛舟游于赤壁之下。清风徐来，水波不兴。举酒属客④，诵明月之诗⑤，歌窈窕之章。少焉⑥，月出于东山之上，徘徊于斗牛⑦之间。白露⑧横江，水光接天。纵一苇之所如⑨，凌万顷之茫然⑩。浩浩乎如冯虚御风⑪，而不知其所止；飘飘乎如遗世独立，羽化而登仙⑫。

于是饮酒乐甚，扣舷⑬而歌之。歌曰：“桂棹兮兰桨⑭，击空明兮溯流光⑮。渺渺兮予怀⑯，望美人兮天一方⑰。”客⑱有吹洞箫⑲者，倚歌⑳而和之㉑。其声呜呜然，如怨如慕，如泣如诉，余音袅袅，不绝如缕㉒。舞幽壑之潜蛟，泣孤舟之嫠妇㉓。

图2-2　小角标示例

这样一来即使思维导图里只选取了少量的例句，在反复阅读的过程中也能看到所有文言虚词的用法，而且这些用法已经得以分类。

关于文言虚词的用法和意义，可能会存在一些争议，所以大家绘制思维导图选用例句时，尽可能地避开有争议的句子，选择最典型的、最重要的句子。

关于文言虚词的解释，大家可以参考《古代汉语字典》和《古汉语大词典》，当然还有课本里的注释。

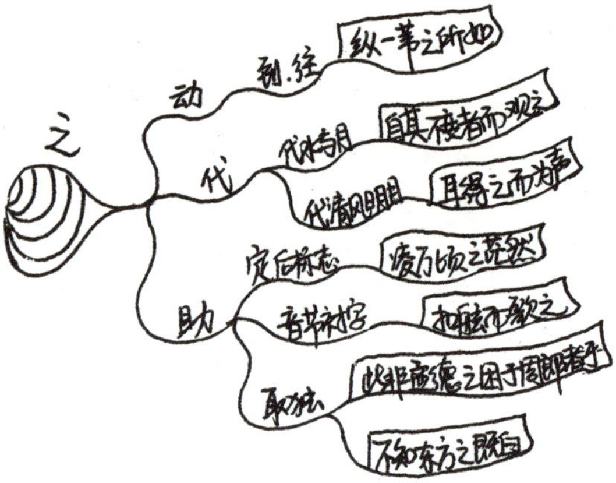

图2-3 《赤壁赋》“之”字用法小思维导图

第四步：绘制文言虚词小思维导图

到这里，思维导图的内容就已经全部确定了，马上画起来吧！

你会发现，从知识点梳理到绘制思维导图的过程是从外往内逐级收缩的过程，而绘制思维导图的时候又是由内而外层层铺展的过程。

使用同样的方法，你就可以独立地梳理一个单元、一本书、一个学期甚至高中阶段所有已经学过的文言虚词用法。随着一张张文言虚词小思维导图的积累，你掌握的文言虚词的用法越来越全，内容也会越来越丰富，这时，小思维导图可能已满足不了你的需求，这就需要用思维导图来帮你“收敛”，也就是说，你可以将文言虚词小思维导图升级到虚词用法思维导图2.0版，例如图2–4。

中心图

利用搜索引擎，我们可以找到不同时期“之”字的写法。所以，中心图就

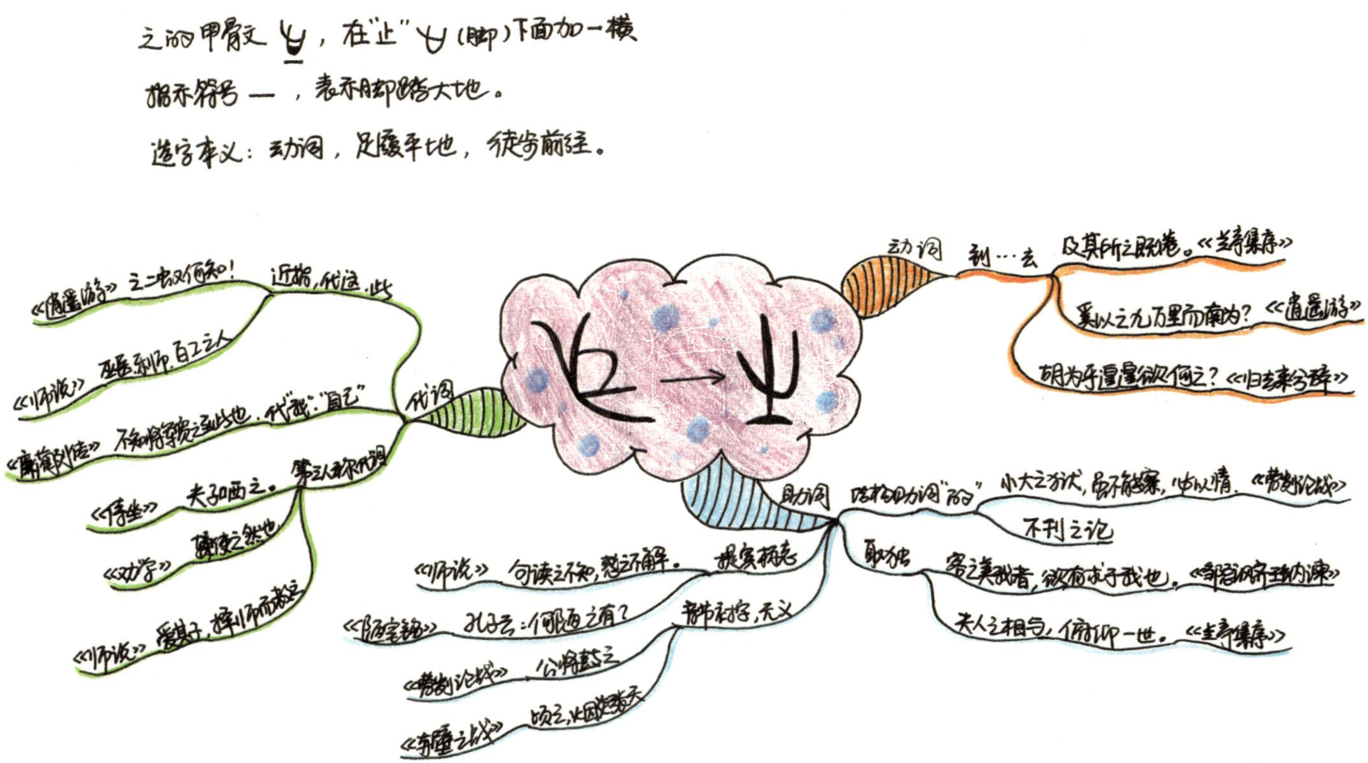

图2-4 "之"字用法思维导图2.0版

有了——“之”字的演变，我选取了甲骨文和小篆，理由无他，简单、好看！配上云朵外框，短时间就能搞定！

主干

一开始可能只是在积累文言虚词的用法和意义，而随着学习的深入，你就会慢慢发现其中的规律，慢慢地习惯结合语境去判断文言虚词的用法和意义。就拿“之”来说，它的用法无外乎三个大类：动词、助词和代词。根据自己的经验，可以判断出每种用法下意义项的多少，由此确定主干的位置。

用法思维导图2.0版是用来建构文言虚词用法和意义的知识体系的，此时的意义项和例句的选择，一是为了巩固记忆，方便考试的时候能借助已知内容推测未知内容，因为任何字词的用法都是离不开语言环境的；二是能够帮助文言文背诵默写。因此，你需要从多张“之”字用法小思维导图中选取常见的、常考的意义，选取经典的、需要背诵的例句。这样一来，解释、背诵一举两得，何乐而不为呢？

图2-5这幅“以”字用法思维导图是姚一然同学利用课余时间绘制的。在我的影响之下，她一直在坚持绘制思维导图，这是她模仿绘制的知识体系思维导图，其中也有她自己的创新。

中心图

选用了“以”的两种写法，加上云朵外框，这样一来出图便很迅速。

主干

以字的用法有动词、介词、固定搭配、助词、名词和连词这六类。具体内容清晰明了。

图2-5　“以”字用法思维导图　姚一然绘制

点评

从“颜值担当”的角度看：

闪光点：中心图简洁明了；

主干有颜色区分；

线条流畅，长短适中，整幅图看起来很舒服；

字迹清晰；

运用飘带将例句凸显出来；

常考的“以”字用法处加上了星号小插图，突出强调。

提升点：中心图的位置可以再往下一点，并且要居中；

如果固定搭配与助词、名词与介词这两组相邻主干选用不同颜色会更好；

例句飘带和分支应该用连线连上。

从“实力担当”的角度看：

闪光点：关键词抓取得很好；

大部分分支逻辑层次清晰。

提升点：“以”作为介词，表示凭借，“凭”“依靠”。“凭”“依靠”是一个层次，意思相近，应该合并成一个分支或者二选一；

“助词”主干下，表时间词、表方位词应该写成两个分支。

她坚持画了18幅文言虚词思维导图，把散落的点连成了线、织成了网。所以请你一定坚持下去，将18张虚词用法思维导图2.0版绘制完成，你一定会很有成就感的！

积累整合知识点，建构知识体系，不仅仅是文言虚词，其他知识体系也适用。如果你从入学之初就开始培养自己建构学科知识体系的意识，能够时时积累，及时梳理整合，并借助思维导图将庞杂的内容网络化、逻辑化，那语文的学习便是一件开心快乐的事，而不再是一件痛苦郁闷的事了！

文言文句式

我们再来看看文言文句式这个知识点，《考纲》中要求：

理解与现代汉语不同的句式

不同的句式：判断句、被动句、宾语前置、成分省略

《考纲》明确地告诉我们，在日常的学习中，我们要重点关注以上四种文言句式。其实，《考纲》已经很好地为我们做了分类，可以拿来直接用。有了梳理文言虚词的经验，我们在梳理一篇文章、一组文章甚至整个高中阶段的这些文言句式时就能游刃有余。

不过两者还是有区别的，文言虚词是先梳理例句，再到小类——文言虚词的意义项，再到大类——文言虚词的用法；而文言句式则相反，先有了大类——判断句、被动句、宾语前置、成分省略，清楚了每一类区别于其他类的标志后，再根据不同的标志特征寻找对应的例句。

判断句：指对事物性质、情况、事物之间的关系作出肯定或者否定判断的句子。句子中很少用判断词“是”，但是翻译时往往有“是”或相同的含义。

根据有无标志，可将其分为两类，有标志的又可以分为：1.用“者”“也”表示判断；2.动词“为”“是”表示判断；3.副词“乃”“则”“即”“非”

等表示判断。

省略句：指在不影响意思表达的前提下有意省略某一词语或某种句子成分的句子。

一般有四种情况：省略主语、省略谓语、省略宾语、省略介词。

被动句：指主语与谓语之间是被动关系的句子。也就是说，主语是动词所表示的行为的被动者、受让者，而不是主动者、实施者。

它通常表现为以下四种情况：用介词“被”表示被动；用“为”“为……所……”表示被动；用“见”“见……于……”表示被动；动词本身表示被动。

倒装句：文言文中的倒装句是相对于我们当下的常用语序来说的。现代汉语的句子成分的顺序一般为：（定）主+［状］谓+（定）宾/<补>。当句子成分的顺序发生变化时，该句子即为倒装句。

文言倒装句主要有宾语前置、状语后置、定语后置、主谓倒置这四种形式，前两种是常见、常考的形式。

在这里，我以倒装句中的“宾语前置”为例。

请你看下面这几组句子，找找每组句子有什么共同特点。（注意画横线的部分，思考之后再看框架建构的内容）

A组：①大王来何操？②沛公安在？③何为其然也？

B组：①忌不自信。②然而不王者，未之有也。③古之人不余欺也！

C组：①句读之不知，惑之不解。②夫晋，何厌之有？③唯利是图。

框架建构

A组句子的特点：1.都是疑问句；2.疑问代词分别是“何”“安”“何”，它们分别是动词“操”、介词“在”和“为”的宾语。

疑问句中疑问代词做宾语时，宾语前置。疑问代词有“何”“谁”“孰”

“胡”“安”“焉”等。

B组句子的特点：1.都是否定句，有否定词；2.都由代词“自”“之”“余”充当宾语。

否定句中代词做宾语时，宾语前置。否定词有“不”“未”“莫”“无”等。

C组句子的特点：用“是”或“之”把宾语提到词前，以突出强调宾语。“是”或“之”可以作为提宾的标志词，本身没有实在意义。

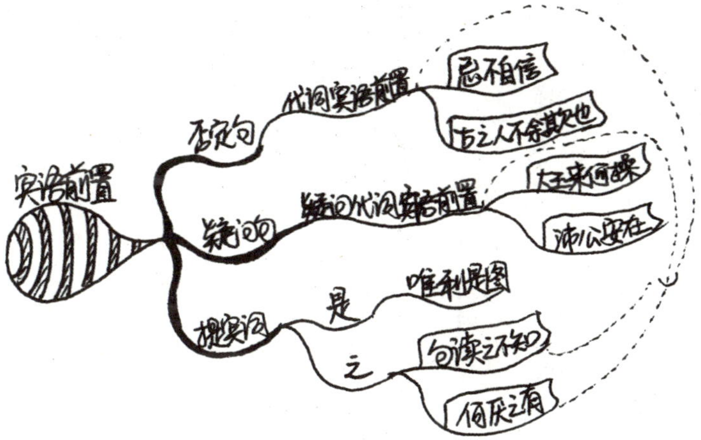

图2-6　宾语前置小思维导图

经过一系列类似的细致分析后，文言句式的框架基本就建立起来了，文言文句式思维导图2.0版（图2-7）也就绘制出来了！

中心图

中心图采用了“胖胖字”，文言句式四个字写起来也比较简单，所以就它了，用灰色作为底色将四个字联成一个整体。

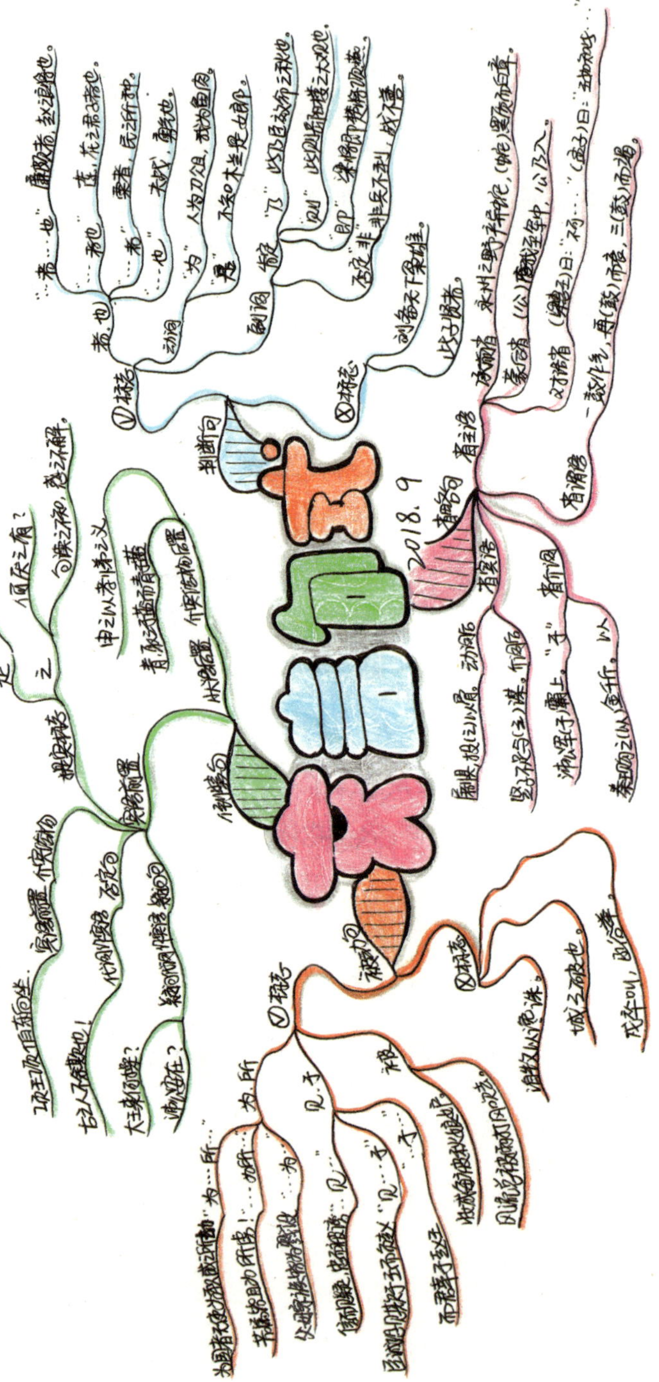

图2-7 文言文句式思维导图2.0版

主干

主干是判断句、被动句、倒装句（宾语前置）、省略句这四种句式类型，它们是思维导图的第一层级；然后再逐个类型进行细致分析，当然，前提是结合自己之前做的每张文言文句式小思维导图，进行梳理整合。因为四种句式是并列关系，顺序可以调换，因此，你可以根据每个主干内容的多少安排思维导图的布局。

图中既有语言标志，又有例句的呈现，有了它，文言句式就在你的大脑中铺开，在阅读文言文的时候，你能够通过回忆思维导图中的相关内容，发现文中的文言句式，判断它的类型，从而达到帮助你理解文意的目的。

试想，如果老师用PPT分页呈现这些文言句式，你会是什么样的感觉？是断开的！而在思维导图中你看到的是有结构层次的，是相互之间有联系的，这时，文言文句式的知识体系已经建构起来了。

在实际操作中，还要学会举一反三，高考的文言文从来都是“学在课内，考在课外”的。

通过上面的内容讲解，你会发现，思维导图有助于培养思维的整体性与深度，它要求从整体出发考虑问题，抓住问题的各个方面，又不忽视其重要细节，能够很好地处理整体与局部的关系；它要求学习一个知识点要追根究底，凡事都要去问为什么，坚决摈弃死记硬背的做法。套用今天最流行的一句话，重要的事情说三遍：用它！用它！用它！

第三章

文章梳理可以这样快速（so quick）

上一章讲解了如何利用思维导图构建语文学科的知识框架。在本章中，我将介绍一下如何利用思维导图更好地进行文本阅读和文章内容的梳理。

大家都知道，现在的语文考试基本分为两大板块，一是阅读，二是写作。其实，写作也是建立在大量阅读的基础之上的。所以有效阅读文本，快速完成文章内容的梳理，是学好语文必须具备的能力。

以下是2019年高考语文的《考试说明》：

试卷分为阅读题和表达题两部分。阅读题约70分，分为两类：现代文阅读约35分，古诗文阅读约35分。表达题约80分，分为两类：语言文字应用约20分，写作60分。

阅读题分为现代文阅读和古诗文阅读。现代文阅读包括：论述类文本阅读、文学类文本阅读、实用类文本阅读，9题左右。古诗文阅读包括：文言文阅读、古代诗歌鉴赏、名句名篇默写，5题左右。

《考试说明》还明确了不同类型文本阅读的考查内容，提出了不同能力层级的考查方法。但是，这些都需要建立在读懂文章的基础之上，都需要学生具有文本意识。因此，读懂文章就成了制胜的关键。

这样说你可能感觉不到其重要性，下面我用一道高考题来举例说明。

2019年北京卷第11题：

文章第三段对伯阳父的说法进行了批驳，请具体说明该段是如何逐层展开批驳的。

这是文言文部分的一道主观题，考查学生对文章的理解。题目的难点在于“逐层”二字。从题目来看，“文章第三段”是“答题区间”，这意味着其上下文都要关注。

“伯阳父的说法”是问题指向的具体内容；“批驳”“逐层”是指文章在这一部分的论证方式；“具体说明”是题目的要求，即回答这个问题一定要结合文本内容。

换言之，我们需要知道“伯阳父的说法”到底是什么。按照行文结构，说法的内容应该在第三段之前，然后看看他的说法有哪几方面的内容或层次，最后在第三段看看作者如何对应“批驳”。这要求学生在短时间内，快速理解文章内容，划分文章层次，厘清作者的思路。从这一道题中就可以看出，如果没有读明白文章内容，做后面的题目时就无从下手。

可能学生花费了很多时间，却还是读不懂文章。长此以往，其学习会变得低效，甚至无效。所以，我来带大家用思维导图梳理文章。我从高考常考的文本类型，即实用类和文学类的现代文、论说类和散文类的文言文等方面来讲解，所选的文本都来自部编版高中语文必修教材，因为课文是最好的示范。

现代文阅读

实用类文章

实战练习

《喜看稻菽千重浪——记首届国家最高科技奖获得者袁隆平》（作者：沈英甲）

喜看稻菽千重浪
——记首届国家最高科技奖获得者袁隆平

曾记否，到中流击水

（1）2001年春节过后的第二天，湖南长沙马坡岭笼罩在薄雾之中，空中不时飘下雨点。袁隆平眯起双眼，出神地打量着这片几百亩大的试验田，然后跨过水渠，迈步走进田间。他蹲下身子翻看着土壤。

（2）我跟随在他身后不禁产生了瞬间的错觉：这难道就是几天后就要赴京，领取由国家主席亲自签署、颁发的国家最高科技奖的科学家吗？他看上去更像一个地道的湖南农民，这使我想起了农民送给他的“泥腿子专家”“泥腿子院士”的称谓。

（3）挽起裤腿走下稻田，是人们从播种到收获季节见到的袁隆平最标准的“形象”。人们常提出的一个疑问是：中国的稻田里如何走出了袁隆平这样一位世界级的农业科学家？

（4）中国在现在和将来相当长的岁月里，都将是一个农业大国，“民以食为天”的说法自古流传，到了当代，农民出身的毛泽东说，世界上什么事情最大，吃饭的事情最大。

（5）20世纪五六十年代我国普遍发生的饥馑给袁隆平留下了刻骨铭心的印象。那时在湖南一所偏僻山村农校——湘西雪峰山麓的安江农校任教的青年袁隆平便下定决心，拼尽毕生精力用农业科技战胜饥饿。他在1961年发现“天然杂交稻株”的往事，注定要成为世界农业史上的经典事例。

（6）那是1961年7月的一天，下课铃声响过之后，袁隆平拍去身上的粉笔灰尘，掖着讲义夹，匆匆来到校园外的早稻试验田。采用常规法培育出来的早稻常规品种正在勾头散籽，呈现一派丰收景象。袁隆平把讲义夹放在田埂上，连裤腿都没挽，就走下稻田一行行地观察起来。突然，他那敏锐的目光停留在一蔸形态特异、鹤立鸡群的水稻植株上。他屏气静神地伸出双手，欣喜地抚摸着那可爱的稻穗，激动得几乎要喊出声来！

（7）这是一株奇特的稻禾，株形优异，穗大粒多，足有十余穗，每穗有壮谷一百六七十粒。袁隆平用布条扎上记号，从此格外精心地照顾这蔸稻禾。收获季节他得到了一把金灿灿的稻种。第二年春天，袁隆平把这些种子播种到试验田里，期待收获有希望的新一代稻种，可是当秧苗发绿长高之后袁隆平发现，它们高的高，矮的矮，成熟得也很不一致，迟的迟，早的早，没有哪一蔸的性状超过它们的前代。

（8）一种失望的情绪掠过袁隆平心头，但是对孟德尔、摩尔根遗传学有着深入研究的袁隆平进而想到，从遗传学的分离律观点看，纯种水稻品种的第二代是不会有分离的，只有杂种第二代才会出现分离现象。今年它的后代既然发生分离，那么可以断定去年发现的性状优异稻株是一株“天然杂交稻”的杂种第一代。

（9）他返回试验田对那些出现分离的稻株进行研究，高的、矮的、早熟、迟熟……一一做了详尽记录。经过反复统计计算，袁隆平证明，这次发现完全符合孟德尔的分离规律。

（10）袁隆平的实践让他发现了真理：既然去年那株“天然杂交稻”的杂种第一代长势这么好，充分证明水稻也存在明显的杂种优势现象；既然自然界客观存在“天然杂交稻”，只要探索出其中规律，就一定能培育出人工杂交稻，也就一定能把这种优势应用到生产上，从而大幅度提高水稻的产量。

（11）后面我们将看到，袁隆平对真理的发现，使他不可避免地必须向国际知名的权威和他们的权威结论发起挑战，这种挑战之艰难往往使挑战者身心俱疲，落荒而去。

创新是科学家的灵魂和本质

（12）有人说，袁隆平具有敢于挑战的勇气和信心。在他决定选择水稻杂种优势利用作为自己的攻关方向时，并不知道世界上已有美国、日本等国的科学家从事过研究，但没有成功。这无疑是一道世界难题。况且，他还得顶着研究水稻杂种优势利用是“对遗传学的无知”等权威学者的指责和压力。他根据自己的实践，以科学家的胆识和眼光断定杂交水稻研究具有光辉的前景，他决心义无反顾地坚持研究。

（13）因为水稻是自花授粉作物，“自花授粉作物自交不退化，因而杂交无优势”的论断明白无误地写在美国著名遗传学家辛诺特和邓恩的经典著作、20世纪五六十年代美国大学教科书《遗传学原理》中，由此有人嘲笑“提出杂交水稻课题是对遗传学的无知”。

（14）在理论与事实发生矛盾时，袁隆平的态度是尊重权威但不崇拜权威，不能跟在权威后面亦步亦趋，不敢越雷池一步。他不迷信权威的每一个观点。他知道，根据自己直接观察到的一些事实表明水稻具有杂种优势，“无优势论”是没有试验依据的推论，这一推论与自交系的杂交优势现象相矛盾，袁隆平坚信搞杂交水稻研究有前途，勇敢地向“无优势论”这一传统观念挑战，从而拉开了我国水稻杂种优势利用的序幕。

（15）袁隆平认为，水稻的杂交优势利用只有两条路可走：一条是进行人工去雄，如果用人工去雄杂交，就得一朵花一朵花进行，产生的种子数量极为有限，不可能在生产上推广应用。再一条路就是培育出一个雄花不育的“母稻”，即雄性不育系，然后用其他品种的花粉去给它授粉杂交，产生出用于生产的杂交种子。然而国内外都没有这一先例，国际上有著名学者断言这“不可能”。还有学者认为，像水稻这样一朵花只结一粒种子的“单颖果作物”，利用杂种优势必然制种困难，无法应用于生产。在独立开展杂交水稻研究很长时间之后，袁隆平才从国外资料中了解到，早在1926年，美国的琼斯就发现了水稻杂种优势现象。最早开展这项研究的是日本的科学家，时为20世纪50年代。此外美国、国际水稻研究所的科学家也相继开始了这项研究。尽管实验手段先进，但都因这项研究难度确实太大，无法在生产中得到应用。

（16）袁隆平不打算退却，他很清楚他拥有的有利条件是其他国家科学家少有的：进行这项研究，中国有中国的有利条件，中国是古老的农业国，又是最早种植水稻的国家之一，有众多的野生稻和栽培稻品种，蕴藏着丰富的种质资源；有辽阔的国土和充足的光温条件，海南岛是理想的天然温室，育种者的乐园；更重要的是我们有优越的社会主义制度，可以组织科研协作攻关；有党的正确领导，任何困难都可以组织力量克服。直到今天，袁隆平都对为攻克杂交水稻难关在全国13个省区的18个科研单位进行的科研大协作感慨不已，认为没有这样的大协作，杂交水稻研究决不会取得今天这样世界瞩目的成果。

（17）1964年7月5日，“泥腿子专家”袁隆平又走进了安江农校的稻田，去寻找水稻的天然雄性不育株。他头顶烈日脚踩淤泥弯腰驼背去寻找这种天然雄性不育株，已是第14天了。突然他的目光停留在一株雄花不开裂、性状奇特的植株上，这正是退化了的雄蕊。他马上把这株洞庭早籼天然雄性不育株用布条标记。袁隆平欣喜异常，水稻雄性不育植株，终于找到了。

（18）两年后，袁隆平的一篇论文《水稻雄性不孕性》发表，它宣示了袁隆平培育杂交水稻的理论设想和实现途径，开创了水稻研究的新纪元。

事实是科学家的空气

（19）科学家是真理的侍者，是事实的追随者。袁隆平坚信实践能发现事实，发现真理，并能验证真理。他对中国亿万农民怀有深厚的感情，在国家杂交水稻工程技术研究中心的稻田中，他一边甩去手上的泥巴一边对我说，农民不富裕谈不到现代化，单产上不去农民就富不起来。现在我们试验田种的杂交稻每亩产700千克，农民种的亩产能达到800千克甚至更高，因为他们大量采用有机肥。还有比这更令他欣慰的事吗?

（20）凡是涉及不顾农民利益、无视事实的事，他都能挺身而出毫不含糊地阐明事实，至于是不是得担风险，袁隆平在所不计。

（21）前些年一家有影响的报纸在头版刊登了一篇贬斥杂交稻的文章，说杂交稻是“三不稻”——“米不养人，糠不养猪，草不养牛”。这种不顾事实的说法给农业科研人员和广大农民心头蒙上了阴影。袁隆平写了一封信寄给了《人民日报》，凭着他杰出的学识和无与伦比的实践，用事实说明“杂交稻既能高产又能优质”。1992年6月18日，《人民日报》在第二版刊登了袁隆平的来信。

（22）信中，袁隆平用平和的语气、无可辩驳的事实说，最近社会上流传杂交稻米质太差，有人贬杂交稻为“三不稻”，说什么“米不养人，糠不养猪，草不养牛”。果真是这样吗?我想用事实来回答：我国是世界上第一个在生产上利用水稻杂种优势的国家，杂交稻比一般水稻每亩增产100千克左右。1976—1991年全国累计种植杂交稻19亿多亩，增产粮食近2000亿千克。由此可见，杂交水稻的推广，对解决我国11亿人口的温饱问题发挥了极其重要的作用。目前，全国种植面积最大、产量最高的一个水稻良种“汕优63”是杂交稻。近几年的年种植面积都超过一亿亩，平均亩产稳定在500千克左右，不仅产量高而且品质好，被评为全国优质籼稻米。的确，在我国南方生产的稻谷中，有相当一部分米质较差，这主要是双季早稻。目前积压的稻谷以及历年来粮店出售的大米，大多数为这种早籼稻。他写道，双季晚稻和一季中稻一般品质较好，粮店偶尔出售这种稻米时，则出现排长队争购的现象。而杂交稻则占双季晚稻和中稻面积的80%左右，产量占90%以上。因此，说杂交稻属劣质米与事实不符。

（23）袁隆平进而写道，其实，杂交稻、常规稻与任何其他农作物一样，品种不同，产量和品质是有差别的，有的甚至很悬殊。一般地说，大多数杂交稻品种的米质属于中等，其中也有个别杂交稻品种的米质较差，但绝不能以个别品种的优劣来概括一般。

（24）就这样，袁隆平捍卫了事实也就是捍卫了真理。

饥饿的威胁在退却

（25）在一次电视台举办的活动上，主持人问作为特邀嘉宾参加活动的袁隆平是不是也做梦，梦见过什么。

（26）袁隆平是一位世界级的伟大科学家，同时也是一个凡人，当然要做梦。他高兴地回答：他曾经梦见水稻长得像高粱那么高，稻穗像扫帚那么大。真是日有所思夜有所梦，不过这极具夸张的梦想，正在走向现实。

（27）1986年，袁隆平在总结国内外水稻杂种优势利用经验的基础上，根据已掌握的新材料，提出了杂交水稻育种的战略设想。在他的著名论文《杂交水稻育种的战略设想》中他提出，若将杂交稻强优组合的优势固定下来，就可以免除年年制种，成为一系法杂交稻。

（28）作为世界公认的“杂交水稻之父”，袁隆平客观地分析了现阶段培育的杂交稻的缺点，并把这些缺点概括为“三个有余，三个不足”：前劲有余，后劲不足；分蘖有余，成穗不足；穗大有余，结实不足。他组织助手和同行，从育种与栽培两个方面，采取措施解决。他主持的“两系法亚种间杂种优势利用”研究课题通过了国家“863”计划论证，正式立项开展研究，袁隆平担任了国家“863-101-01”专题的责任专家。1995年，两系杂交稻基本研究成功，被中国科学院、中国工程院评为1996年全国十大科技新闻，并列为榜首。

（29）1997年，袁隆平发表了《杂交水稻超高产育种》重要论文。1998年8月在北京召开的第18届国际遗传学大会上和9月在埃及开罗召开的第19届国际水稻会议上，袁隆平发言：由于采取了形态改良与杂种优势利用有机结合的技术路线，中国在培育超级稻方面已走在世界前列。经过中国许多科学家10多年的协作研究，目前技术上的难题已基本解决。袁隆平预计，亚种间超级杂交稻将在近几年内应用于生产，并将在21世纪初大面积生产中发挥巨大的增产作用。

（30）有人统计过，由于杂交水稻的研究成功，开辟了粮食大幅度增产的新途径，大面积的推广给我国水稻生产带来了一次飞跃，杂交稻比常规稻增产20%左右，为从根本上解决我国粮食自给自足难题作出了重大贡献。1976—1999年，年增产的稻谷可以养活6000万人口。

（31）1997年，袁隆平提出了超级杂交稻选育的指标、株型模式和技术路线，选育出一批具有超高产潜力、米质优良的亚种间苗头组合，小面积最高产量达每亩1139千克（每公顷日产107.4千克），达到了日产量100千克/公顷的超级稻产量指标。如果按年推广2亿亩计，年增粮食可养活7000多万人口。袁隆平对我说，这是对看上去表情显得十分深沉的美国经济学家布朗“未来谁来养活中国”疑问的有说服力的回答。

（32）美国学者唐·帕尔伯格在他《走向丰衣足食的世界》一书中写道：袁隆平使“饥饿的威胁在退却，袁正引导我们走向一个营养充足的世界”。

（33）在各国水稻科研工作者心目中，位于长沙马坡岭的国家杂交水稻工程技术研究中心已成为圣地。

（34）近十几年来，杂交水稻不断走向世界，已在20多个国家和地区引种推广，这项技术是我国转让给美国的第一项农业科技专利。

（35）袁隆平是在世界上最有影响的中国科学家之一，他正在引导一场新的“绿色革命”。

这篇文章粗略统计是4500字以上，像这种实用类文章，篇幅很长，如果逐字逐句地读，会花费我们很长的时间。我先为大家讲解几个小技巧，再结合思维导图来梳理文章内容。

读文章之前

1.读题目，题目是文章的“眼睛”。

2.标注段落，方便查找区间。

读文章之时

圈点勾画少不了，一定不要放下手中的笔，“实力担当”关键词在这里就派上用场了。

1.关注文章的开头、结尾（不仅限于第一段、最后一段）的关键词、句，它们很有可能会告诉大家文章的主要内容。

2.关注段首、段尾的句子，它们很有可能会提示这段话的内容。

3.关注表达作者观点、态度的词语、句子，它们是文章主旨最直接的表现。

4.关注关联词、序数词、时间词等，它们也许会提示文章的内部逻辑、行文脉络。

读文章之后

提炼核心的关键词，这样一来，不管一篇文章有多少字，一张思维导图就能全部搞定。

解题

《喜看稻菽千重浪——记首届国家最高科技奖获得者袁隆平》是一篇人物通讯，入选了部编版高中语文第一册。这类文章应该怎么读呢？单元导语中明确指出：“学会分析通讯的报道角度，理解事实与观点的关系，抓住典型事例，把握人物精神。”

那么，什么是典型事例呢？

典型就是指具有代表性；事例是指真实发生过的事实，它有两种，一是成例，可以作为依据的前提；二是具有代表性的、可以作为例子的事情，比如历史故事、新闻等。

这篇通讯很长，应该如何在短时间内抓住人物的典型事例？不知道细心的你是否注意到文章中给的提示呢？文章有四个小标题，分别是，“曾记否，到中流击水”“创新是科学家的灵魂和本质”“事实是科学家的空气”“饥饿的威胁在退却”，这四个小标题有的含蓄，有的直白，有的反映人物精神，有的阐述事件价值，分别从四个不同的方面来表现人物特点，但实际上，它们都是通过典型事例来表现人物精神的。抓住这些重点，概括人物典型事例的难度就降低了。

这篇人物通讯的标题采用了正副标题的形式，主标题“喜看稻菽千重浪”出自毛主席1959年写的《七律·到韶山》，作者以此表达了对袁隆平的研究成果和突出贡献的赞叹。副标题“记首届国家最高科技奖获得者袁隆平”引出了这篇通讯的主人公——“杂交水稻之父”袁隆平。袁隆平是2004年“感动中国”人物之一，当时的颁奖词这样写道：

毕生梦想消除饥饿

他是一位真正的耕耘者。当他还是一个乡村教师的时候，已经具有颠覆世界权威的胆识；当他名满天下的时候，却仍然只是专注于田畴，淡泊名利，一介农夫，播撒智慧，收获富足。他毕生的梦想，就是让所有人远离饥饿。喜看稻菽千重浪，最是风流袁隆平。

2019年9月17日，袁隆平被授予国家勋章和荣誉称号，令人敬佩的是，获奖当天，袁隆平还在田间致力于自己的水稻研究。

文章梳理

“曾记否，到中流击水”这个小标题出自毛主席的《沁园春·长沙》，意在表现袁隆平坚定的信念和豪情壮志。我们可以看到有几个时间：2001年、20世纪五六十年代、1961年、1961年7月的一天、第二年春天。不难判断，作者采用了倒叙的手法，追溯到20世纪五六十年代。当时，我国普遍发生“饥馑”，这让湖南省偏僻的山村农校的一位青年教师下定决心，即使拼尽毕生精力也要用农业技术战胜饥饿，他就是袁隆平。我们可以聚焦第5段的最后部分，“他在1961年发现‘天然杂交稻株’的往事，注定要成为世界农业史上的经典事例”。

第6段开头“那是1961年7月的一天”，开始记录袁隆平发现天然杂交水稻稻株的过程，这一天注定是个不平凡的日子。作者通过“屏气静神”地伸手、“欣喜地抚摸”、“激动得”要“喊出声来”等一系列神态、动作的细节描写，表现出了袁隆平“敏锐”地发现“一蔸形态特异、鹤立鸡群的水稻植株”时的欣喜之情，情景真实感人。

之后，他照顾特异稻，扎布条做记号，格外精心地照顾，再满心期待地种下金灿灿的稻种，然而，收获的却是失望。

但失望是暂时的，仅仅是“掠过”袁隆平的心头。基于自己对遗传学的深入研究，他“断定”这稻株是天然杂交稻的杂种第一代，这来自他的自信。然而这只是他个人的推断，袁隆平并没有止步于此便下定结论，而是对试验田里出现分离的稻株做研究，“详尽”地记录它们的性状，“反复”统计计算，抱着科学严谨的研究态度，不断付诸实践。最终，事实证明他的判断是正确的，他的“这次发现完全符合孟德尔的分离规律”。

实践出真知，袁隆平坚信，只要探索出天然杂交水稻的生长规律，就可以用来培育人工杂交水稻，这自然可以提高水稻的产量。

袁隆平历时一年多，经历了发现—照顾—研究—收获这样一个过程（第一部分的思维导图见图3-1）。在这个过程中，我们看到了他作为实践者的那种专注、敬业的精神，看到了他对科学研究的认真、严谨的态度。

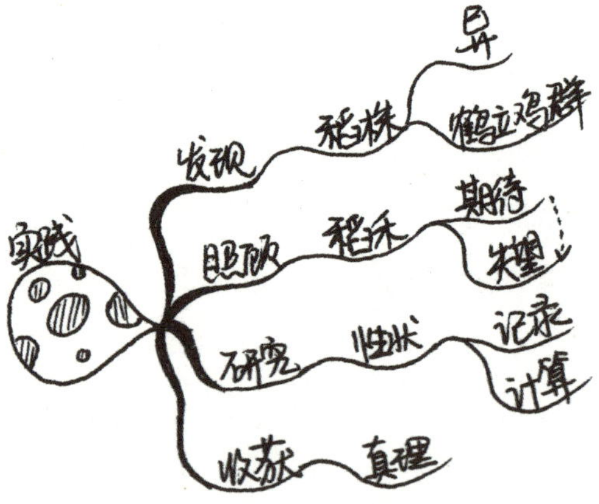

图3-1　第一部分的小思维导图

这部分的最后一段起到了承上启下的作用，袁隆平的这次发现势必是向权威进行的一次挑战，这个艰难的过程让很多挑战者止步，那么袁隆平会如何选择呢？

“创新是科学家的灵魂和本质”这个小标题中提到的“创新”是什么？是不是就是上文提到的挑战权威？袁隆平挑战权威具体是指什么事？

“创新”就是培育人工杂交水稻，在那个年代，创新也意味着困难重重。

理论上的困难：权威对他的指责和施加的压力。有人甚至嘲笑他的这一做法是“对遗传学的无知”；研究水稻杂种优势利用就是对经典和“无优势论”传统观念的挑战。

实践上的困难：水稻杂交优势利用有两条路可以走。其一，人工去雄，但是产生的种子数量“极为有限”，不可能推广并应用于生产；其二，培育雄性不育系的“母稻”，但是国内外皆无先例。国外很早就开始研究水稻杂种优势现象，尽管他们手段先进，但都因难度太大而以失败告终。

还记得第一部分最后写的那句话吗？“这种挑战之艰难往往使挑战者身心俱疲，落荒而去”，可是袁隆平“不打算退却”，他很清楚自己的优势：中国有着悠久的种植历史，丰富的种质资源；有辽阔的土地，充足的光温条件；有优越的社会主义制度；有党的正确领导。这不正是历史、地理、政治三方面的优势吗？

皇天不负有心人，袁隆平最终取得了成果，他向全世界证明，培育杂交水稻并不是理论设想，它完全可以实现。他真的做到了“挑战不可能”！第一部分的典型事例是袁隆平发现杂交水稻，第二部分的典型事例是袁隆平培育杂交水稻，由此，我们可以提炼出三个关键词：困难、优势、成果。第二部分的小思维导图见图3-2。

“事实是科学家的空气”这一部分的开头提到，袁隆平“坚信实践能发现事实，发现真理，并能验证真理”。第（19）段和第（20）段讲袁隆平心系农民，为了农民的利益，他“挺身而出毫不含糊地阐明事实”，敢于承担风险。这不就是暗示了后面的内容吗？

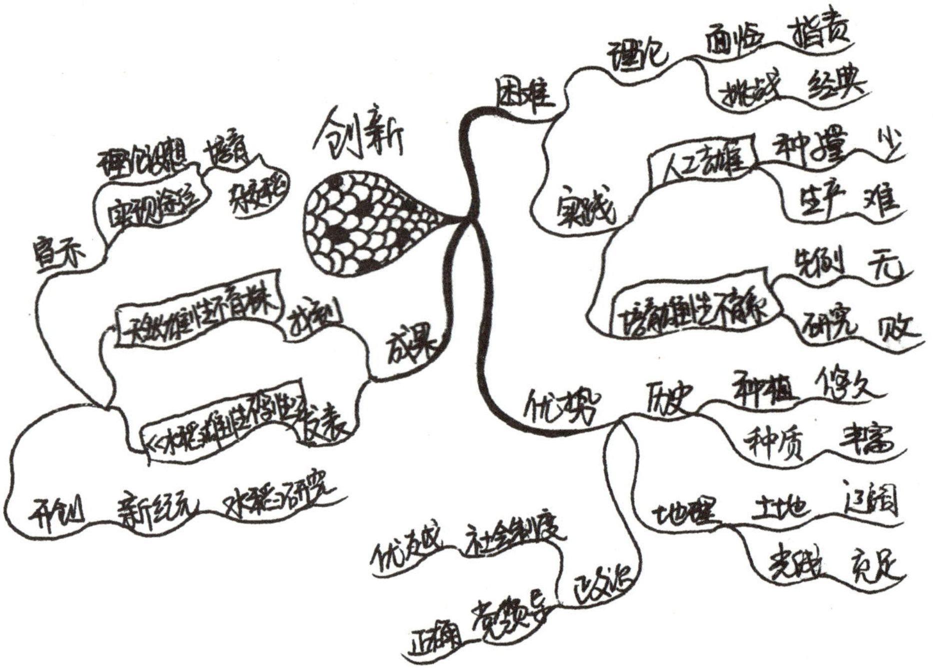

图3-2　第二部分的小思维导图

第（21）段中，一家具有影响力的报纸在头版刊登文章贬斥杂交稻是“三不稻”，面对质疑，袁隆平有力回击，他凭借渊博的学识和孜孜不倦的实践，用事实说明“杂交稻既能高产又能优质”，注意作者的用词：学识、实践和事实。第（22）段中，“信中，袁隆平用平和的语气、无可辩驳的事实说……”，第（23）段中“袁隆平进而写道……”，由此我们可以判断，这些都是他在用事实回击质疑。

第（24）段结尾，“就这样”承接上文，袁隆平捍卫了事实和真理，无论是事实还是真理都是关于人工杂交稻的，我们可以确定这一部分的典型事例是在捍卫人工杂交稻的科学性和实用性，第三部分的小思维导图见图3–3。

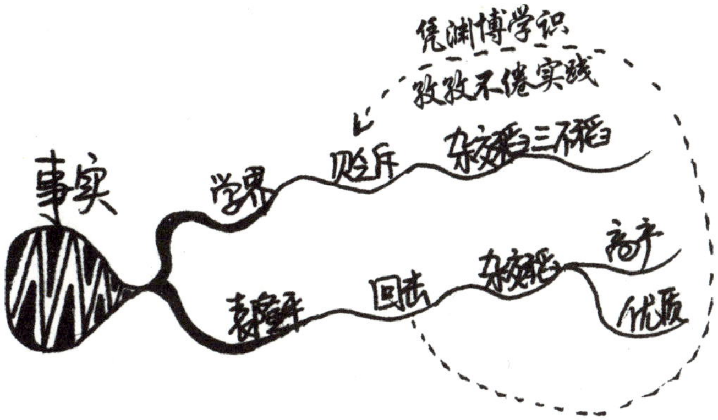

图3–3　第三部分的小思维导图

“饥饿的威胁在退却”这个小标题的表述非常生动形象，结合前面分析的三个部分，我们大致可以猜到这一部分的内容。

“饥饿的威胁”就是指第一部分中提到的“20世纪五六十年代”我国普遍发生饥馑，到处饥荒，人们的温饱成问题。“在退却”就是指袁隆平研究并推广杂交水稻，提高水稻的产量，温饱问题就可以得到解决。人们常说，“日有所思夜有所梦”，怪不得袁隆平说自己曾经梦见过高粱那么高的水稻，扫帚那么大的稻穗。

人工杂交水稻的培育，已经取得了非常好的成果，然而袁隆平总结国内外水稻育种优势利用的经验，提出了自己的战略设想。从1986年提出一系法杂交稻，可以固定优势，免除年年制种的麻烦；到1995年两系法杂交稻基本研究成功，将“形态改良与杂种优势利用有机结合”；再到1997年超级稻选育的提出，每一步都是那么掷地有声。

袁隆平以自己的行动向世界证明，未来的中国可以实现自给自足，“饥饿的威胁在退却”。这一路上，他不忘初心，砥砺前行，锐意进取，从未停止。

文章最后讲到袁隆平杂交水稻不仅在中国发挥着极其重要的作用，而且在全世界范围内正在掀起一场“绿色革命”。

这一部分就是袁隆平杂交水稻研究路上做梦—逐梦—圆梦三部曲，见图3-4。

图3-4　第四部分的小思维导图

小试牛刀

试着动手把上述分析中的小思维导图组合成一幅完整的思维导图吧。

绘制时注意思维导图的“颜值担当”，整张图的布局要四平八稳，注意主干或者分支间的联系，可以用虚线联结。

文学类文章

翻阅北京近十年高考试卷，不难发现，文学类文本的阅读部分全是散文：

2010年《海棠花》写物记事散文

2011年《祁连雪》写景散文

2012年《心灵的篝火》感怀散文

2013年《浙江的感兴》写景状物散文

2014年《废墟之美》历史文化散文

2015年《说起梅花》写景状物散文

2016年《白鹿原上奏响一支老腔》历史文化散文

2017年《根河之恋》文化散文

2018年《水缸里的文学》文化散文

2019年《北京的“大”与“深”》学者散文

无论是哪种类型的散文，都具有“形散神聚”的特点。因此，在阅读时就要考虑散文的“形”与“神”。

“形”就是表层的、外显的、有形的“人”“事”“景”“物”，从字面上便可直接读出来的；“神”就是深层的、内隐的、无形的“情”（情感）、“理”（哲理、道理、思考）、“志”（志向、志趣）、“神”（精神、品格、特征），有些是需要从文字中解读出来的。因此，“由形索神”就是阅读并读懂散文的关键。

我们需要先找到文章的“形”及其特点，然后通过外显的“形”找到内隐的“神”，这样便可以快速找到散文阅读的突破口。接下来，大胆地尝试一下吧！

实战练习

《荷塘月色》（作者：朱自清）

荷塘月色

（1）这几天心里颇不宁静。今晚在院子里坐着乘凉，忽然想起日日走过的荷塘，在这满月的光里，总该另有一番样子吧。月亮渐渐地升高了，墙外马路上孩子们的欢笑，已经听不见了；妻在屋里拍着闰儿，迷迷糊糊地哼着眠歌。我悄悄地披了大衫，带上门出去。

（2）沿着荷塘，是一条曲折的小煤屑路。这是一条幽僻的路；白天也少人走，夜晚更加寂寞。荷塘四面，长着许多树，蓊蓊郁郁的。路的一旁，是些杨柳，和一些不知道名字的树。没有月光的晚上，这路上阴森森的，有些怕人。今晚却很好，虽然月光也还是淡淡的。

（3）路上只我一个人，背着手踱着。这一片天地好像是我的；我也像超出了平常的自己，到了另一个世界里。我爱热闹，也爱冷静；爱群居，也爱独处。像今晚上，一个人在这苍茫的月下，什么都可以想，什么都可以不想，便觉是个自由的人。白天里一定要做的事，一定要说的话，现在都可不理。这是独处的妙处，我且受用这无边的荷香月色好了。

（4）曲曲折折的荷塘上面，弥望的是田田的叶子。叶子出水很高，像亭亭的舞女的裙。层层的叶子中间，零星地点缀着些白花，有袅娜地开着的，有羞涩地打着朵儿的；正如一粒粒的明珠，又如碧天里的星星，又如刚出浴的美人。微风过处，送来缕缕清香，仿佛远处高楼上渺茫的歌声似的。这时候叶子与花也有一丝的颤动，像闪电般，霎时传过荷塘的那边去了。叶子本是肩并肩密密地挨着，这便宛然有了一道凝碧的波痕。叶子底下是脉脉的流水，遮住了，不能见一些颜色；而叶子却更见风致了。

（5）月光如流水一般，静静地泻在这一片叶子和花上。薄薄的青雾浮起在荷塘里。叶子和花仿佛在牛乳中洗过一样；又像笼着轻纱的梦。虽然是满月，天上却有一层淡淡的云，所以不能朗照；但我以为这恰是到了好处——酣眠固不可少，小睡也别有风味的。月光是隔了树照过来的，高处丛生的灌木，落下参差的斑驳的黑影，峭楞楞如鬼一般；弯弯的杨柳的稀疏的倩影，却又像是画在荷叶上。塘中的月色并不均匀；但光与影有着和谐的旋律，如梵婀玲上奏着的名曲。

（6）荷塘的四面，远远近近，高高低低都是树，而杨柳最多。这些树将一片荷塘重重围住；只在小路一旁，漏着几段空隙，像是特为月光留下的。树色一例是阴阴的，乍看像一团烟雾；但杨柳的丰姿，便在烟雾里也辨得出。树梢上隐隐约约的是一带远山，只有些大意罢了。树缝里也漏着一两点路灯光，没精打采的，是渴睡人的眼。这时候最热闹的，要数树上的蝉声与水里的蛙声；但热闹是它们的，我什么也没有。

（7）忽然想起采莲的事情来了。采莲是江南的旧俗，似乎很早就有，而六朝时为盛；从诗歌里可以约略知道。采莲的是少年的女子，她们是荡着小船，唱着艳歌去的。采莲人不用说很多，还有看采莲的人。那是一个热闹的季节，也是一个风流的季节。梁元帝《采莲赋》里说得好：

于是妖童媛女，荡舟心许；鹢首徐回，兼传羽杯；棹将移而藻挂，船欲动而萍开。尔其纤腰束素，迁延顾步；夏始春余，叶嫩花初，恐沾裳而浅笑，畏倾船而敛裾。

（8）可见当时嬉游的光景了。这真是有趣的事，可惜我们现在早已无福消受了。

（9）于是又记起，《西洲曲》里句子：

采莲南塘秋，莲花过人头；低头弄莲子，莲子清如水。

（10）今晚若有采莲人，这儿的莲花也算得“过人头”了；只不见一些流水的影子，是不行的。这令我到底惦着江南了。——这样想着，猛一抬头，不觉已是自己的门前；轻轻地推门进去，什么声息也没有，妻已睡熟好久了。

一九二七年七月，北京清华园

解题

拿到一篇文章，先从题目入手。《荷塘月色》这篇文章，顾名思义是写景文章，写景的目的可能是为了抒情，这是我们能从题目中获得的信息。接下来，请你拿起笔，将文章标好段落，圈点勾画文中的重要信息。

什么是重要信息呢？根据我们对题目的判断，在读这篇文章的过程中，我们需要关注作者描写的画面、景物的特点以及作者情感表达的词句。

圈点勾画

文章一共写了哪几个画面？每个画面里有什么景？景又有什么特点？能看出作者什么样的心情？你画出了哪些关键词、关键句？带着问题，我们一起来梳理一下文章内容。

荷塘月色

（1）这几天心里颇不宁静。今晚在院子里坐着乘凉，忽然想起日日走过的荷塘，在这满月的光里，总该另有一番样子吧。月亮渐渐地升高了，墙外马路上孩子们的欢笑，已经听不见了；妻在屋里拍着闰儿，迷迷糊糊地哼着眠歌。我悄悄地披了大衫，带上门出去。

（2）沿着荷塘，是一条曲折的小煤屑路。这是一条幽僻的路；白天也少人走，夜晚更加寂寞。荷塘四面，长着许多树，蓊蓊郁郁的。路的一旁，是些杨柳，和一些不知道名字的树。没有月光的晚上，这路上阴森森的，有些怕人。今晚却很好，虽然月光也还是淡淡的。

（3）路上只我一个人，背着手踱着。这一片天地好像是我的；我也像超出了平常的自己，到了另一个世界里。我爱热闹，也爱冷静；爱群居，也爱独处。像今晚上，一个人在这苍茫的月下，什么都可以想，什么都可以不想，便觉是个自由的人。白天里一定要做的事，一定要说的话，现在都可不理。这是独处的妙处，我且受用这无边的荷香月色好了。

（4）曲曲折折的荷塘上面，弥望的是田田的叶子。叶子出水很高，像亭亭的舞女的裙。层层的叶子中间，零星地点缀着些白花，有袅娜地开着的，有羞涩地打着朵儿的；正如一粒粒的明珠，又如碧天里的星星，又如刚出浴的美人。微风过处，送来缕缕清香，仿佛远处高楼上渺茫的歌声似的。这时候叶子与花也有一丝的颤动，像闪电般，霎时传过荷塘的那边去了。叶子本是肩并肩密密地挨着，这便宛然有了一道凝碧的波痕。叶子底下是脉脉的流水，遮住了，不能见一些颜色；而叶子却更见风致了。

（5）月光如流水一般，静静地泻在这一片叶子和花上。薄薄的青雾浮起在荷塘里。叶子和花仿佛在牛乳中洗过一样；又像笼着轻纱的梦。虽然是满月，天上却有一层淡淡的云，所以不能朗照；但我以为这恰是到了好处——酣眠固不可少，小睡也别有风味的。月光是隔了树照过来的，高处丛生的灌木，落下参差的斑驳的黑影，峭楞楞如鬼一般；弯弯的杨柳的稀疏的倩影，却又像是画在荷叶上。塘中的月色并不均匀；但光与影有着和谐的旋律，如梵婀玲上奏着的名曲。

（6）荷塘的四面，远远近近，高高低低都是树，而杨柳最多。这些树将一片荷塘重重围住；只在小路一旁，漏着几段空隙，像是特为月光留下的。树色一例是阴阴的，乍看像一团烟雾；但杨柳的丰姿，便在烟雾里也辨得出。树梢上隐隐约约的是一带远山，只有些大意罢了。树缝里也漏着一两点路灯光，没精打采的，是渴睡人的眼。这时候最热闹的，要数树上的蝉声与水里的蛙声；但热闹是它们的，我什么也没有。

（7）忽然想起采莲的事情来了。采莲是江南的旧俗，似乎很早就有，而六朝时为盛；从诗歌里可以约略知道。采莲的是少年的女子，她们是荡着小船，唱着艳歌去的。采莲人不用说很多，还有看采莲的人。那是一个热闹的季节，也是一个风流的季节。梁元帝《采莲赋》里说得好：

于是妖童媛女，荡舟心许；鹢首徐回，兼传羽杯；棹将移而藻挂，船欲动而萍开。尔其纤腰束素，迁延顾步；夏始春余，叶嫩花初，恐沾裳而浅笑，畏倾船而敛裾。

（8）可见当时嬉游的光景了。这真是有趣的事，可惜我们现在早已无福消受了。

（9）于是又记起，《西洲曲》里句子：

采莲南塘秋，莲花过人头；低头弄莲子，莲子清如水。

（10）今晚若有采莲人，这儿的莲花也算得“过人头”了；只不见一些流水的影子，是不行的。这令我到底惦着江南了。——这样想着，猛一抬头，不觉已是自己的门前；轻轻地推门进去，什么声息也没有，妻已睡熟好久了。

一九二七年七月，北京清华园

一边读文，一边圈点勾画，这是阅读过程中很重要的一步，也是快速读懂文章的关键一步。文中画波浪线的部分是表达作者情感的词语或句子，画双横线的部分是每个画面的内容，画单横线的部分是画面中景色的特点，画着重号的部分是作者由实入虚，再由虚回实的节点。

文章梳理

文章一共写了四个画面：家、荷月世界、采莲世界、家。

家（第1段）：

我在院中乘凉，想到了荷塘；妻子拍着孩子，哼着眠歌，这看似很温馨的画面，却让我“颇不宁静”，于是，我穿上大衫，带上门走了出去。在这里，作者交代了这篇文章的写作缘由。

图3-5　第一部分的小思维导图

荷月世界（第2—6段）：

①小煤屑路（第2—3段），见图3-6：

所见（第2段）：以前的小煤屑路是幽僻、寂寞和阴森的，甚至是怕人的，今晚却很好，因为有淡淡的月。在小煤屑路上作者还见到了蓊蓊郁郁的树。

所感（第3段）： 这一段没有景物描写，只有朱自清先生背着手踱着步的身影，抒发的更多的是自己去荷塘路上的感受，“超出了平常的自己”“到了另一个世界”，这时，他是自由的，这就是“独处的妙处”，尽管只是暂时的享受，但他的心里也有着淡淡的喜悦。

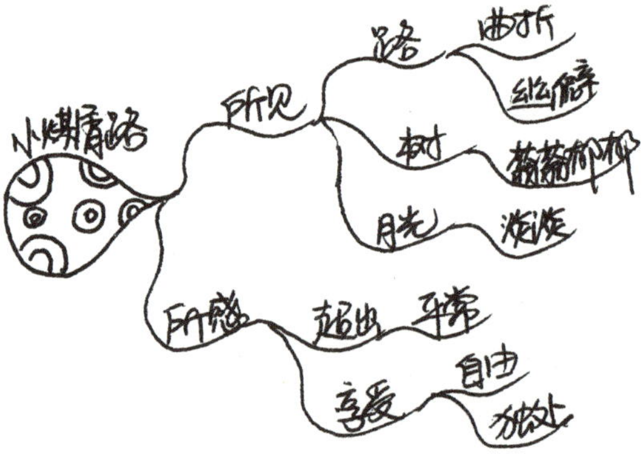

图3-6　小煤屑路的小思维导图

②月下荷塘（第4段），见图3-7：

荷叶： 田田，密密挨着，如同亭亭舞女的裙一般；

荷花： 袅娜、羞涩，像明珠、像星星、像美人；

荷香： 清香缕缕，好似渺茫的歌声；

荷波： 凝碧。

画面有静有动，月下荷塘，在朱自清先生笔下是清幽静谧的。这一段的最后写道，“叶子却更见风致了”，顺理成章地引出下文对荷塘之上的月色的描写。

图3-7　月下荷塘的小思维导图

③荷塘月色，见图3-8：

月光：泻在荷叶和花上；

青雾：浮起在荷塘里；

影：既有那月光画在荷叶上的杨柳倩影，又有斑驳的树影。它们虽不均匀，但光和影很和谐，如同演奏着的名曲！月色朦胧，光影和谐，怎一个美字了得！不难想象，此时作者看到此景，心情自然是愉悦的。

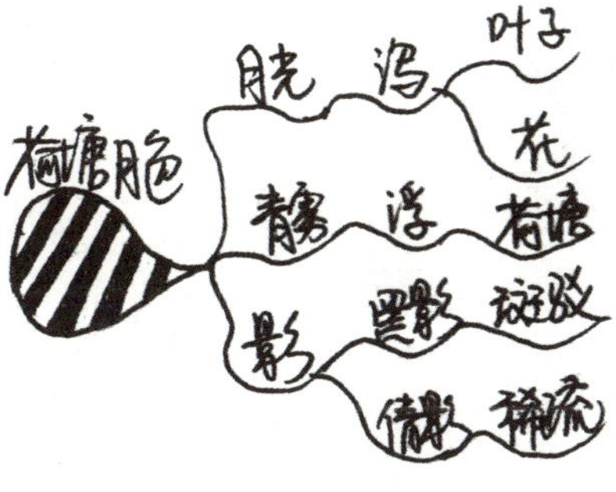

图3-8　荷塘月色的小思维导图

④荷塘四面，见图3–9：

你肯定会想，这会儿，作者心中的不宁静应该能排解了吧！我们接着往下读。由宁静朦胧的荷塘向外界过渡转换，往远处看，荷塘四面又是另一番景象：

看（所见）：树高高低低，远远近近；远山隐隐约约；路灯灯光没精打采。

听（所闻）：蝉声、蛙声热闹非凡。

朱自清先生不由地感慨“热闹是它们的，我什么也没有”，呼应了第3段里所写的“我爱热闹，也爱冷静”，静谧的荷塘是他喜欢的，热闹的蝉、蛙想唱就唱，想叫就叫，是他羡慕的，但是作者自己却什么都没有。宁静也好，热闹也好都是一种外在的表象，作者所追求的是人在其间的那份“什么都可以想，什么都可以不想”“什么也可以不理”的自由。

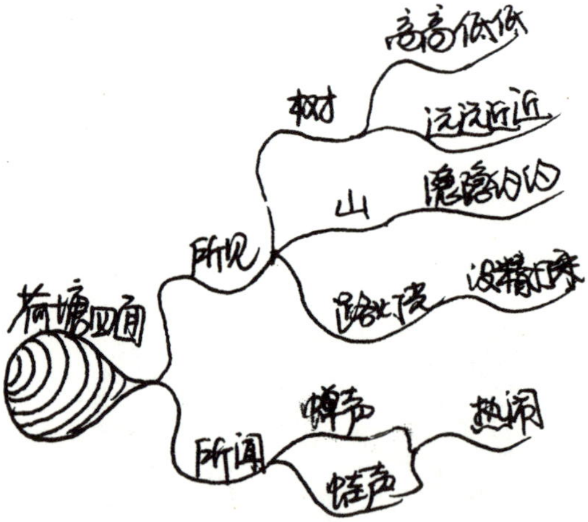

图3–9　荷塘四面的小思维导图

采莲世界（第8—9段）：

“忽然想起采莲的事情来”一句话承上启下，我们从作者眼前所见之实景，一下子进入《采莲赋》和《西洲曲》里的采莲世界，这是作者联想到的场景，是虚景。在这个世界里，采莲的少女“荡着小船”“唱着艳歌”，是**热闹**的，年轻男女不拘礼法地表露自己的爱情，他们是自由的。显然，它是朱自清先生所向往的、渴望的，然而在现实中他“早已无福消受”，这暗示着作者只能将重新面对现实时的无奈和悲哀诉诸笔尖。

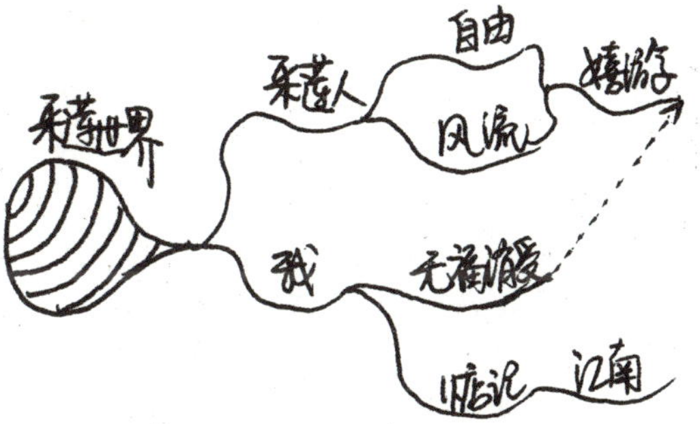

图3-10　采莲世界的小思维导图

家（第10段）：

想着想着，“猛一抬头”不知不觉又回到了自己的家里，妻子已经睡熟。作者又回到了出发的地方——自己的家，他要面对的是妻子、孩子，要承担的是自己作为丈夫、父亲的责任，可想而知，他的心情自然又回归到现实中的“不宁静”。

图3-11　家的小思维导图

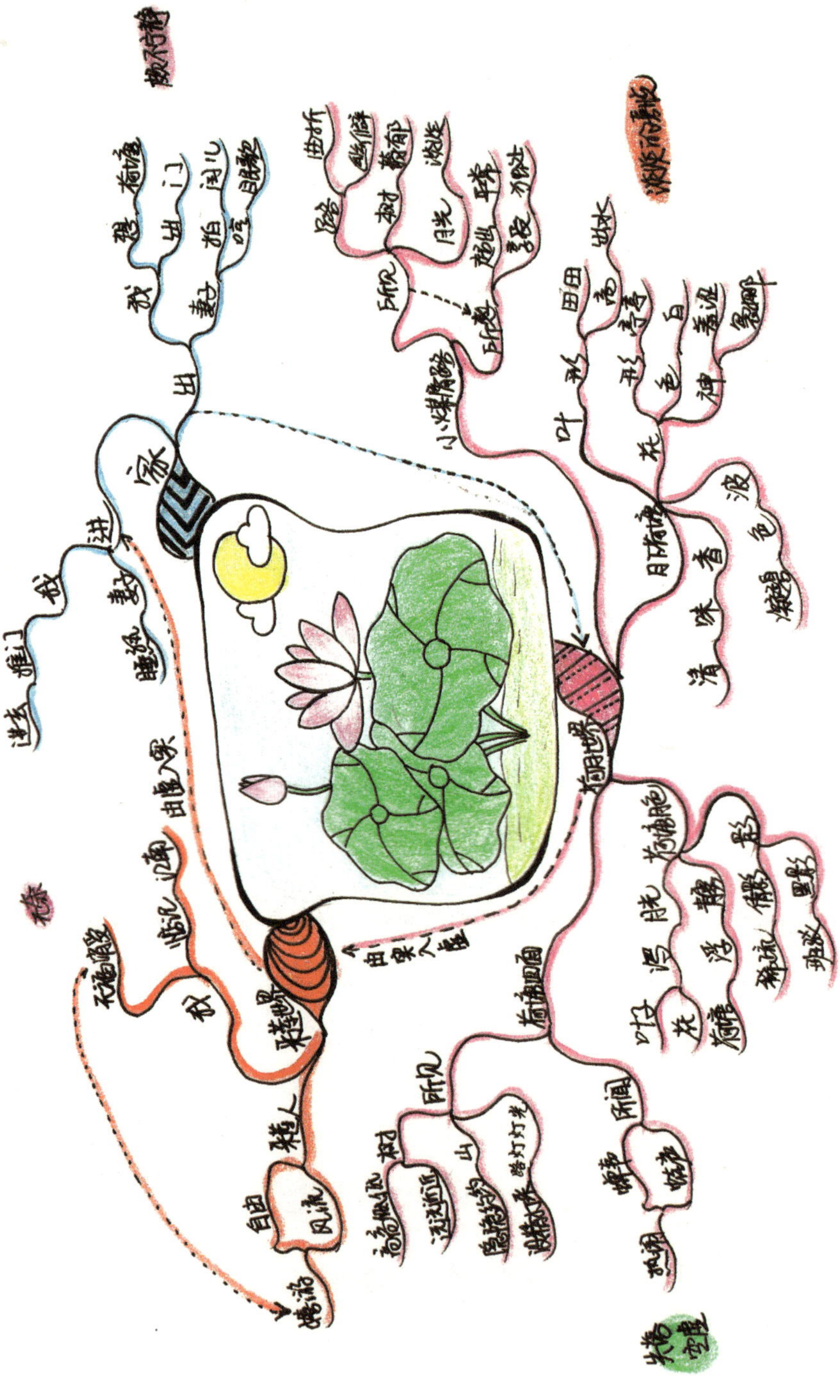

图3-12 《荷塘月色》思维导图

这样看来，在这篇文章中，作者从家里出发，走向月下荷塘，想到江南采莲，最后又回到家里。可能对于朱自清先生来说，家是现实世界，荷月世界是精神世界，采莲世界是理想世界。他就在现实与理想的冲突中矛盾着。

中心图

我绘制了一小片月下荷塘，这自然是比不了朱自清先生看到的清华园的那个荷塘，但圆圆的月、淡淡的云、袅娜的荷花、亭亭的荷叶，看着还是挺和谐的！

主干

根据行文结构确定三个主干，家、荷月世界和采莲世界。虽然作者写的是四个画面，但是从结构上来看可以把家的部分分成两个分支——出门、进门，再用箭头来表示作者的行踪，这样更符合思维导图的逻辑层次。此外，作者的情感变化是这篇文章隐含的线索，我使用红笔标注在相应的部分。

实战练习

《我与地坛》节选（作者：史铁生）

我与地坛（节选）

（1）我在好几篇小说中都提到过一座废弃的古园，实际就是地坛。许多年前旅游业还没有开始，园子荒芜冷落得如同一片野地，很少被人记起。

（2）地坛离我家很近。或者说我家离地坛很近。总之，只好认为这是缘分。地坛在我出生前四百多年就坐落在那儿了，而自从我的祖母年轻时带着我父亲来到北京，就一直住在离它不远的地方——五十多年间搬过几次家，可搬来搬去总是在它周围，而且是越搬离它越近了。我常觉得这中间有着宿命的味道：仿佛这古园就是为了等我，而历尽沧桑在那儿等待了四百多年。

（3）它等待我出生，然后又等待我活到最狂妄的年龄上忽地残废了双腿。四百多年里，它剥蚀了古殿檐头浮夸的琉璃，淡褪了门壁上炫耀的朱红，坍圮了一段段高墙，又散落了玉砌雕栏，祭坛四周的老柏树愈见苍幽，到处的野草荒藤也都茂盛得自在坦荡。这时候想必我是该来了。十五年前的一个下午，我摇着轮椅进入园中，它为一个失魂落魄的人把一切都准备好了。那时，太阳循着亘古不变的路途正越来越大，也越红。在满园弥漫的沉静光芒中，一个人更容易看到时间，并看见自己的身影。

（4）自从那个下午我无意中进了这园子，就再没长久地离开过它。我一下子就理解了它的意图。正如我在一篇小说中所说的："在人口密聚的城市里，有这样一个宁静的去处，像是上帝的苦心安排。"

（5）两条腿残废后的最初几年，我找不到工作，找不到去路，忽然间几乎什么都找不到了，我就摇了轮椅总是到它那儿去，仅为着那儿是可以逃避一个世界的另一个世界。我在那篇小说中写道："没处可去我便一天到晚耗在这园子里。跟上班下班一样，别人去上班我就摇了轮椅到这儿来。""园子无人看管，上下班时间有些抄近路的人们从园中穿过，园子里活跃一阵，过后便沉寂下来。""园墙在金晃晃的空气中斜切下一溜阴凉，我把轮椅开进去，把椅背放倒，坐着或是躺着，看书或者想事，撅一杈树枝左右拍打，驱赶那些和我一样不明白为什么要来这世上的小昆虫。""蜂儿如一朵小雾稳稳地停在半空；蚂蚁摇头晃脑捋着触须，猛然间想透了什么，转身疾行而去；瓢虫爬得不耐烦了，累了，祈祷一回便支开翅膀，忽悠一下升空了；树干上留着一只蝉蜕，寂寞如一间空屋；露水在草叶上滚动，聚集，压弯了草叶，轰然坠地，摔开万道金光。”“满园子都是草木竞相生长弄出的响动，窸窸窣窣窸窸窣窣片刻不息。”这都是真实的记录，园子荒芜但并不衰败。

（6）除去几座殿堂我无法进去，除去那座祭坛我不能上去而只能从各个角度张望它，地坛的每一棵树下我都去过，差不多它的每一平方米草地上都有过我的车轮印。无论是什么季节，什么天气，什么时间，我都在这园子里呆过。有时候呆一会儿就回家，有时候就呆到满地上都亮起月光。记不清都是在它的哪些角落里了。我一连几小时专心致志地想关于死的事，也以同样的耐心和方式想过我为什么要出生。这样想了好几年，最后事情终于弄明白了：一个人，出生了，这就不再是一个可以辩论的问题，而只是上帝交给他的一个事实；上帝在交给我们这个事实的时候，已经顺便保证了它的结果，所以死是一件不必急于求成的事，死是一个必然会降临的节日。这样想过之后我安心多了，眼前的一切不再那么可怕。比如你起早熬夜准备考试的时候，忽然想起有一个长长的假期在前面等待你，你会不会觉得轻松一点？并且庆幸并且感激这样的安排？

（7）剩下的就是怎样活的问题了，这却不是在某一个瞬间就能完全想透的，不是能够一次性解决的事，怕是活多久就要想它多久了，就像是伴你终生的魔鬼或恋人。所以，十五年了，我还是总得到那古园里去，去它的老树下或荒草边或颓墙旁，去默坐，去呆想，去推开耳边的嘈杂，理一理纷乱的思绪，去窥看自己的心魂。十五年中，这古园的形体被不能理解它的人肆意雕琢，幸好有些东西是任谁也不能改变它的。譬如祭坛石门中的落日，寂静的光辉平铺的一刻，地上的每一个坎坷都被映照得灿烂；譬如在园中最为落寞的时间，一群雨燕便出来高歌，把天地都叫喊得苍凉；譬如冬天雪地上孩子的脚印，总让人猜想他们是谁，曾在哪儿做过些什么，然后又都到哪儿去了；譬如那些苍黑的古柏，你忧郁的时候它们镇静地站在那儿，你欣喜的时候它们依然镇静地站在那儿，它们没日没夜地站在那儿，从你没有出生一直站到这个世界上又没了你的时候；譬如暴雨骤临园中，激起一阵阵灼烈而清纯的草木和泥土的气味，让人想起无数个夏天的事件；譬如秋风忽至，再有一场早霜，落叶或飘摇歌舞或坦然安卧，满园中播散着熨帖而微苦的味道。味道是最说不清楚的。味道不能写只能闻，要你身临其境去闻才能明了。味道甚至是难于记忆的，只有你又闻到它你才能记起它的全部情感和意蕴。所以我常常要到那园子里去。

请你耐心阅读这篇文章，与史铁生先生一起感悟人生！

解题

题目“我与地坛”是并列结构，文章的抒情主人公就是“我”，描写的对象就是“地坛”，那么，作者在描写地坛时写了地坛的哪些景？这些景各有什么特点？“我”要抒发什么样的情感？有什么样的人生感悟？我和地坛之间有什么联系？景与情、形与神都隐含在题目中。

圈点勾画

对照以下有标注的原文，再把文章读一遍。（双线是景物或意象，单线是景物意象的特点，波浪线是作者议论、抒情的部分）

我与地坛（节选）

（1）我在好几篇小说中都提到过一座废弃的古园，实际就是地坛。许多年前旅游业还没有开始，园子荒芜冷落得如同一片野地，很少被人记起。

（2）地坛离我家很近。或者说我家离地坛很近。总之，只好认为这是缘分。地坛在我出生前四百多年就坐落在那儿了，而自从我的祖母年轻时带着我父亲来到北京，就一直住在离它不远的地方——五十多年间搬过几次家，可搬来搬去总是在它周围，而且是越搬离它越近了。我常觉得这中间有着宿命的味道：仿佛这古园就是为了等我，而历尽沧桑在那儿等待了四百多年。

（3）它等待我出生，然后又等待我活到最狂妄的年龄上忽地残废了双腿。四百多年里，它剥蚀了古殿檐头浮夸的琉璃，淡褪了门壁上炫耀的朱红，坍圮了一段段高墙，又散落了玉砌雕栏，祭坛四周的老柏树愈见苍幽，到处的野草荒藤也都茂盛得自在坦荡。这时候想必我是该来了。十五年前的一个下午，我摇着轮椅进入园中，它为一个失魂落魄的人把一切都准备好了。那时，太阳循着亘古不变的路途正越来越大，也越红。在满园弥漫的沉静光芒中，一个人更容易看到时间，并看见自己的身影。

（4）自从那个下午我无意中进了这园子，就再没长久地离开过它。我一下子就理解了它的意图。正如我在一篇小说中所说的："在人口密聚的城市里，有这样一个宁静的去处，像是上帝的苦心安排。"

（5）两条腿残废后的最初几年，我找不到工作，找不到去路，忽然间几乎什么都找不到了，我就摇了轮椅总是到它那儿去，仅为着那儿是可以逃避一个世界的另一个世界。我在那篇小说中写道："没处可去我便一天到晚耗在这园子里。跟上班下班一样，别人去上班我就摇了轮椅到这儿来。""园子无人看管，上下班时间有些抄近路的人们从园中穿过，园子里活跃一阵，过后便沉寂下来。""园墙在金晃晃的空气中斜切下一溜阴凉，我把轮椅开进去，把椅背放倒，坐着或是躺着，看书或者想事，撅一杈树枝左右拍打，驱赶那些和我一样不明白为什么要来这世上的小昆虫。""蜂儿如一朵小雾稳稳地停在半空；蚂蚁摇头晃脑捋着触须，猛然间想透了什么，转身疾行而去；瓢虫爬得不耐烦了，累了，祈祷一回便支开翅膀，忽悠一下升空了；树干上留着一只蝉蜕，寂寞如一间空屋；露水在草叶上滚动，聚集，压弯了草叶，轰然坠地，摔开万道金光。”“满园子都是草木竞相生长弄出的响动，窸窸窣窣窸窸窣窣片刻不息。”这都是真实的记录，园子荒芜但并不衰败。

（6）除去几座殿堂我无法进去，除去那座祭坛我不能上去而只能从各个角度张望它，地坛的每一棵树下我都去过，差不多它的每一平方米草地上都有过我的车轮印。无论是什么季节，什么天气，什么时间，我都在这园子里呆过。有时候呆一会儿就回家，有时候就呆到满地上都亮起月光。记不清都是在它的哪些角落里了。我一连几小时专心致志地想关于死的事，也以同样的耐心和方式想过我为什么要出生。这样想了好几年，最后事情终于弄明白了：一个人，出生了，这就不再是一个可以辩论的问题，而只是上帝交给他的一个事实；上帝在交给我们这个事实的时候，已经顺便保证了它的结果，所以死是一件不必急于求成的事，死是一个必然会降临的节日。这样想过之后我安心多了，眼前的一切不再那么可怕。比如你起早熬夜准备考试的时候，忽然想起有一个长长的假期在前面等待你，你会不会觉得轻松一点？并且庆幸并且感激这样的安排？

（7）剩下的就是怎样活的问题了，这却不是在某一个瞬间就能完全想透的，不是能够一次性解决的事，怕是活多久就要想它多久了，就像是伴你终生的魔鬼或恋人。所以，十五年了，我还是总得到那古园里去，去它的老树下或荒草边或颓墙旁，去默坐，去呆想，去推开耳边的嘈杂，理一理纷乱的思绪，去窥看自己的心魂。十五年中，这古园的形体被不能理解它的人肆意雕琢，幸好有些东西是任谁也不能改变它的。譬如祭坛石门中的落日，寂静的光辉平铺的一刻，地上的每一个坎坷都被映照得灿烂；譬如在园中最为落寞的时间，一群雨燕便出来高歌，把天地都叫喊得苍凉；譬如冬天雪地上孩子的脚印，总让人猜想他们是谁，曾在哪儿做过些什么，然后又都到哪儿去了；譬如那些苍黑的古柏，你忧郁的时候它们镇静地站在那儿，你欣喜的时候它们依然镇静地站在那儿，它们没日没夜地站在那儿，从你没有出生一直站到这个世界上又没了你的时候；譬如暴雨骤临园中，激起一阵阵灼烈而清纯的草木和泥土的气味，让人想起无数个夏天的事件；譬如秋风忽至，再有一场早霜，落叶或飘摇歌舞或坦然安卧，满园中播散着熨帖而微苦的味道。味道是最说不清楚的。味道不能写只能闻，要你身临其境去闻才能明了。味道甚至是难于记忆的，只有你又闻到它你才能记起它的全部情感和意蕴。所以我常常要到那园子里去。

文章梳理

你是否注意到文中几处有颜色阴影的词句呢？它们都是时间词，其中出现最多的就是十五年。可见，这是一段很关键的时期，由此，我们可以从十五年前、十五年中和十五年后的角度来观察一下我和地坛的变化。

十五年前：

地坛：曾经浮夸的琉璃已经剥蚀，曾经朱红的门壁已经淡褪，高墙已经坍圮，砌栏已经散落。当然，还有那依然苍幽的古柏和那茂盛且自由坦荡的野草枯藤。这是个废弃的园子，它是荒芜的、冷落的，历经沧桑。

我：此时的史铁生呢？二十一岁的他，双腿残废，失魂落魄；工作、未来陷入一片迷茫。

十五年中：

地坛：慢慢地，史铁生在这里看到，稳停于空中的蜂儿、疾行而去的蚂蚁、升空的瓢虫、寂寞的蝉蜕、摔开万道金光的露珠和竞相生长的草木！所有的一切都彰显着生命的活力，所有的一切都是生机勃勃，此时的地坛荒芜但不衰败。

我： 起初，史铁生来到地坛，只是把它当作“可以逃避一个世界的另一个世界”。这里是可以逃避现实的世界，是一个可以安放他的精神、灵魂的世界！在这里，他能够寻觅到宁静，能够沉寂下来。

地坛感染着史铁生，他看到荒芜的园子里那些鲜活的生命，开始专心致志地思考关于死的问题，感悟到“死是一件不必急于求成的事，死是一个必然会降临的节日”，这时候，史铁生就安心了，轻松了！他变得积极，不再求死，想要活下去，这便是地坛里那些小昆虫、露珠、草木给他带来的变化。

十五年后：

地坛： 十五年过去了，史铁生发现，虽然地坛的形体被肆意雕琢，但总有任谁也改变不了的东西，那是什么呢？我们来看连用的六个“譬如”，从视觉、嗅觉、味觉来告诉我们一些道理。

视觉上，落日寂静的余晖把每一个坎坷都映照得灿烂，那是生命走向尽头时的怒放。

落寞之时高歌的雨燕，那是与风雨抗争的坚韧！

皑皑白雪上孩子的脚印，那是百无聊赖之时的希望！

古柏“不以物喜，不以己悲”，镇定站立，那是亘古不变的宁静！

嗅觉上，灼烈而清纯，那是暴雨骤临时，草木和泥土的气味。

味觉上，熨帖而微苦，那是秋风忽至、早霜降临时，落叶歌舞、安卧于园中的味道。

我： 不再害怕生与死，“剩下的就是怎么活的问题”。再次来到地坛，史铁生已经看透了生死，即使是在经历了人生的磨难之后，依然能够走出困境，依然能够笑对人生，依然可以找到自己生命的意义，活出自己的人生价值。由此，史铁生完成了自己的蜕变，如凤凰涅槃一般获得重生。

“所以我常常要到那园子里去”，从走近地坛到走进地坛，我已经与地坛融为一体，地坛就成了史铁生的精神归属地。

中心图

中心图比较简单，“我与地坛”几个字加粗书写，外加一个稍微复杂点的异形外框。

主干

这次的主干就是题目中的两个要素“我”和“地坛”，史铁生的文章也是围绕着这两个要素来写的，而在文本梳理的时候我们抓住了关键的时间“十五年”。因此，主干就是“我”“地坛”，一级分支分别是十五年前、十五年中、十五年后。又因为整篇文章通过对不同景物（意象）的抓取，营造了不同的意境，二级分支从“景”和“境”来切入，更清晰。

这里需要说明一下，主干颜色的选择来自我自己对文章的理解和思考。“我”部分线条颜色选择了橘色，因为橘色代表着活力、激情，史铁生十五年里与地坛相伴，重新拥有了活下去的信念；“地坛”部分线条颜色选择了绿色，绿色代表着生命、希望，地坛是史铁生的精神支柱，给予了他第二次“生命”。

《我与地坛》中还有几句话特别好，请你把它们记下来吧。

我真想告诫所有长大了的男孩子，千万不要跟母亲来这套倔强，羞涩就更不必，我已经懂了，可我已经来不及了！

子欲养而亲不待，话中饱含着深深的歉意与痛彻心扉的悔恨！

图3-13 《我与地坛》（节选）思维导图

小试牛刀

请阅读下面的文章（《司马祠》，作者：和谷），读第一遍时，圈点勾画关键词句，读第二遍时，绘制思维导图。

司马祠

（1）一说到韩城，自然会想到司马迁。地以人传，由于崇敬司马迁，而对韩城心仪已久。在这次的游览的历程中。韩城的地势之高、城郭之阔、田园之丽，都给我留下深刻的印象。

（2）韩城南边是一个有别于周围山原的盆地，绿树葱茏，良田万顷，疑是到了江南仙境。从这里流入黄河的芝水，使芝川有着天赐的好风水。与司马迁结缘的汉武帝，曾想长生不死，那些方士官宦之流投其所好，竟在这一带挖到了灵芝。汉武帝喜得瑞药，却也没能活到今天，只是由此将原名陶渠水的这条河更名为芝水了。过小石桥，穿木牌坊，踏上石砌的古道，便开始了仰望中的登攀。

（3）脚下的古道是用宽大厚实的石条铺成的，粗粝坚硬，历经数千年而牢固如初。古道始建于春秋时期，韩、赵、魏三家分晋后，继续开凿了这条悬崖上的交通要道。楚汉之争，韩信经这儿运过兵；汉武帝祭祀后土，经这儿往返行宫；隋朝末年，李世民经这儿攻入长安；明末李自成经这儿渡龙门，直捣燕京。这条巨石铺砌的古道，缘于不易更改、万年不朽，是另一部书写在石头上的史记。太史公之前之后，这里上演过的金戈铁马的历史活剧，都被载入了有形无形的史册中。而这座历尽沧桑的司马祠，也正是在有形无形之中负载着史圣无形的精神内涵。

（4）“高山仰止”，是《诗经》里的名句，嵌在这头顶的牌坊上，正好合了拜谒者的心情。这时，你的脚步已踏入了神道，登九十九级台阶，就可以抵达祠顶了。这条险峻的山脊，是后人垫沟筑起的，砖石砌成的九十九级台阶，用意取之于《易经》中的释义，九为数之极，九九则至高无上了。皇上的祖祠称九庙，官衔不算高的太史令却有九十九级的神道，确乎有造祠者藐视皇权之意，更具寓意的是说司马迁经受了多么坎坷曲折的磨难，才登上史圣之巅峰。他“以天地为量，不计小耻”，以“史家之绝唱，无韵之离骚”光照后世。

（5）攀至最高层的祠院，地势开阔了。殿内有若干碑碣，奇妙的是那一块梦碑，说唐朝褚遂良于同州梦见一女子自称司马迁之侍妾，叫随清娱，迁遇难后忧伤而死，褚遂作此墓志铭。是实录还是虚幻，莫衷一是。造于北宋的司马迁泥塑像，不是宫刑后无胡须的“妇人像”，是据芝川乡间寻访到的太史公壮年线描画像塑造的，相传画像出自司马夫人之手，泥塑像面稍北望，是在想念苏武和李陵吧？传说司马迁去世后，是其夫人柳倩娘和子女，将太史公的骨骸运回故地，掩埋在这高岗上的。有种说法，身体发肤受之父母，得之天地，不能有丝毫损伤，司马迁受了宫刑，有辱祖先，不能埋入祖茔。这是谁的悲哀呢？我宁可认为，此处枕冢山，临大河，气宇轩昂，一览众山小，是史圣最佳的长眠之处。寝宫后是司马迁圆形砖砌墓冢，为元世祖敕命建造的蒙古包状八卦墓，“以通神明之德，以类万物之情”，非大智大慧者莫属。墓顶一柏分为五指，人称五子登科，形若颤抖的五指，傲指苍穹。

（6）这是天问！我听见史圣在歌唱。这歌声穿越古今，扬善弃恶，与大河一起歌舞。天空有雄鹰飞过，它读圆的墓冢，读方的祠院，读直的牌坊和山门，再读弧形的古石坡和小桥大路，这竟然是大地上一个巨大的问号。

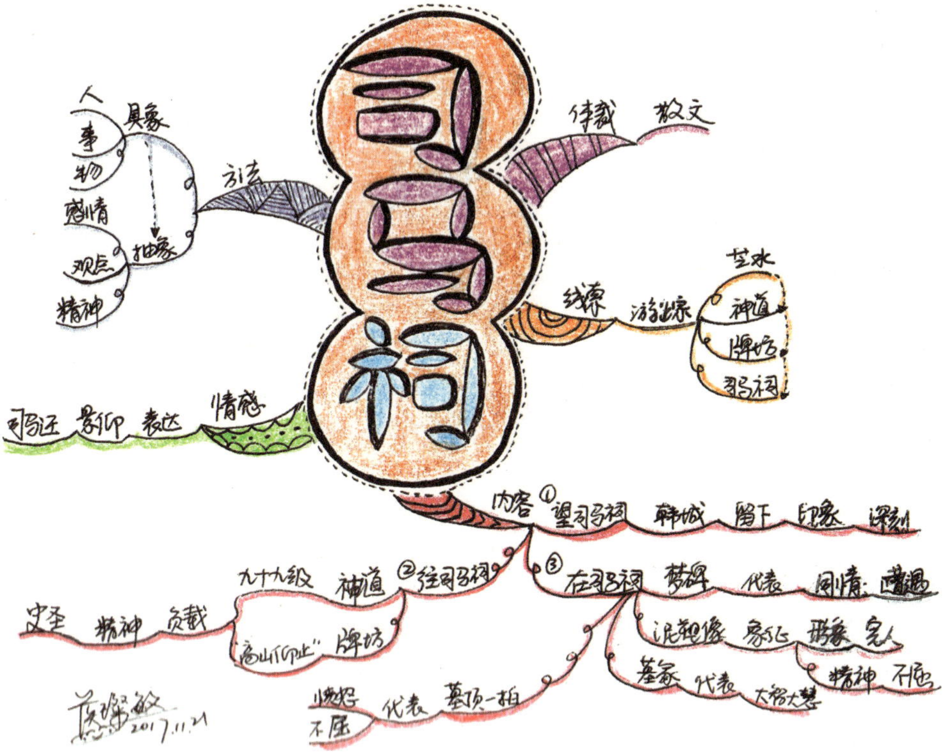

图3-14　《司马祠》思维导图

文言文阅读

论说类文章

最近几年，政论文成了高考的热门，那么，这样的文章是否有“道”可循呢？我们先来解析一篇难度较小的文章——《劝学》。看到文章要先读题目，然后将文章多读两遍。准备好了吗？

实战练习

《劝学》（作者：荀子）

劝学

（1）君子曰：学不可以已。

（2）青，取之于蓝，而青于蓝；冰，水为之，而寒于水。木直中绳，𫐓以为轮，其曲中规。虽有槁暴，不复挺者，𫐓使之然也。故木受绳则直，金就砺则利，君子博学而日参省乎己，则知明而行无过矣。

（3）吾尝终日而思矣，不如须臾之所学也。吾尝跂而望矣，不如登高之博见也。登高而招，臂非加长也，而见者远；顺风而呼，声非加疾也，而闻者彰。假舆马者，非利足也，而致千里；假舟楫者，非能水也，而绝江河。君子生非异也，善假于物也。

（4）积土成山，风雨兴焉；积水成渊，蛟龙生焉；积善成德，而神明自得，圣心备焉。故不积跬步，无以至千里；不积小流，无以成江海。骐骥一跃，不能十步；驽马十驾，功在不舍。锲而舍之，朽木不折；锲而不舍，金石可镂。蚓无爪牙之利，筋骨之强，上食埃土，下饮黄泉，用心一也。蟹六跪而二螯，非蛇鳝之穴无可寄托者，用心躁也。

解题

《劝学》中的“劝”，是劝勉、鼓励的意思，文章的内容就是劝勉人们学习。

文章梳理

第一段：文章开篇就提出了中心论点——学习不可以停止。“已”是停止的意思，它是理解这句话的关键。

第二段：上一段刚提出学习不可以停止的中心论点，按照一般的行文思路，接下来就要谈为什么学习不能停止，但是，为什么直到这段的最后才出现与学习有关的两个字“博学”呢？前面叙述了那么多到底有什么作用呢？你会不会有点丈二和尚摸不着头脑？

我们需要先来了解一下大概的意思。靛青，是从蓼蓝当中提取出来的，却比蓼蓝更青；冰，是由水凝结而成的，却比水更冷；木头直是因为有墨绳，用火烤它，它就能变得弯曲，即使曝晒也不会变直。因此，木头被墨绳一弹就能锯直，金属刀剑经过磨刀石磨砺就能变得很锋利，同理可得，君子广泛地学习并且每天不断地反省自己，那么他就能智慧明达而且行为没有过错了。

靛青也好，冰也好，木头也好，金属刀剑也好，都需要经过提取、凝结、受绳、磨砺这些外在的作用，才能变得“青于蓝”“寒于水”“直”“利”，甚至改变之前的状态，这与最后提到的君子通过广泛学习来提高或者改变自己，是一样的。由此看来，前面的部分都是在进行比喻论证，都是为了引出“君子博学”而做的铺垫，还为了告诉我们学习的作用，即学习可以提升甚至改变自己。以下是第二段的小思维导图。

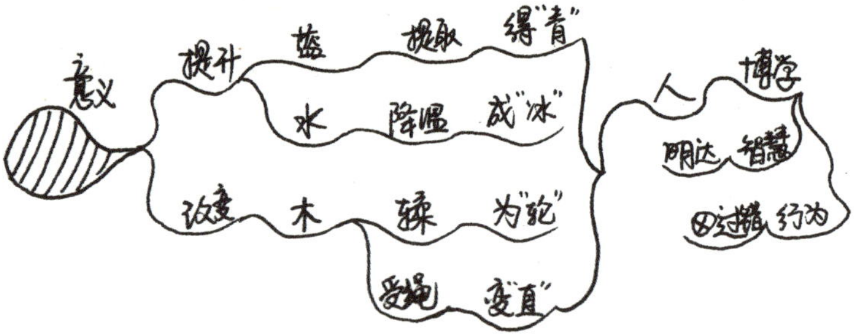

图3-15　第二段的小思维导图

第三段：通读一遍，你发现了什么？跟上文差不多，完全没有出现“学习”二字。细细读来，大意如下：我曾经整日地思考，不如片刻所学。我曾经踮起脚望向远方，不如站得高看得远。站在高处招手，我的手臂并没有变长，人们站在远处也能看得到；顺着风呼喊，我的声音并没有变大，人们听得却很清楚。借助车马，无须腿脚利索，也能到达千里之外；借助船只，不会游泳，也能渡过江河。不是君子的禀赋异于常人，只因他们善于借助外物罢了。以下是第三段的小思维导图。

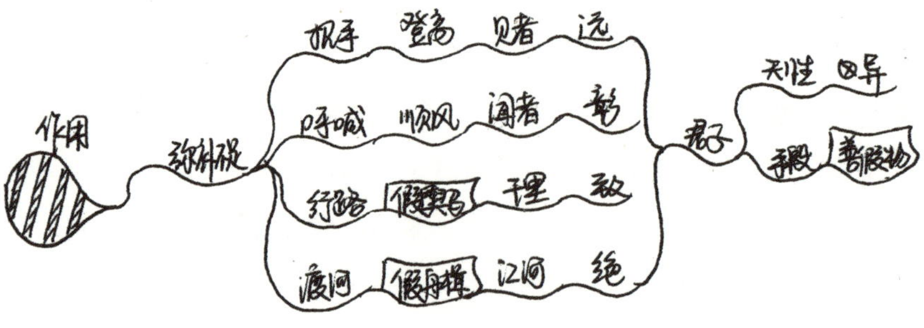

图3-16　第三段的小思维导图

君子借助的外物是什么？学习！学习可以弥补自身的不足，就如同“登高而招”“顺风而呼”一般，可以“见者远”“闻者彰”；就如同“假舆马者”“假舟楫者”一般，可以“致千里”“绝江河”，效果显著。因此，这段话除了有比喻论证，还加入了类比论证，是在进一步强调学习的重要性。既然学习如此重要，那我们需要如何学习？

第四段：为了阐释如何学习，在这里荀子依然使用了比喻论证，而且竟然用了10个之多，还以正反对比论证的方式来呈现，逻辑层次相当清晰。学习需要积累，就好比“积小流”才能“成江海”，“积跬步”才能“至千里”。学习需要坚持，千里马再能跳，一次也不过十步的距离，而驽马成功的秘诀是坚持不放弃，“锲而不舍”才能镂金石，否则连朽木也折不断；学习需要专注，寄居蟹内心浮躁，即使它有大螯和腿，也只能靠寄居为生，蚯蚓既没有强劲的筋骨，又没有锋利的爪子和牙齿，往上可“食埃土”，往下可“饮黄泉”。如此生活化的比喻论证，既通俗易懂，又让人印象深刻。以下是第四段的小思维导图。

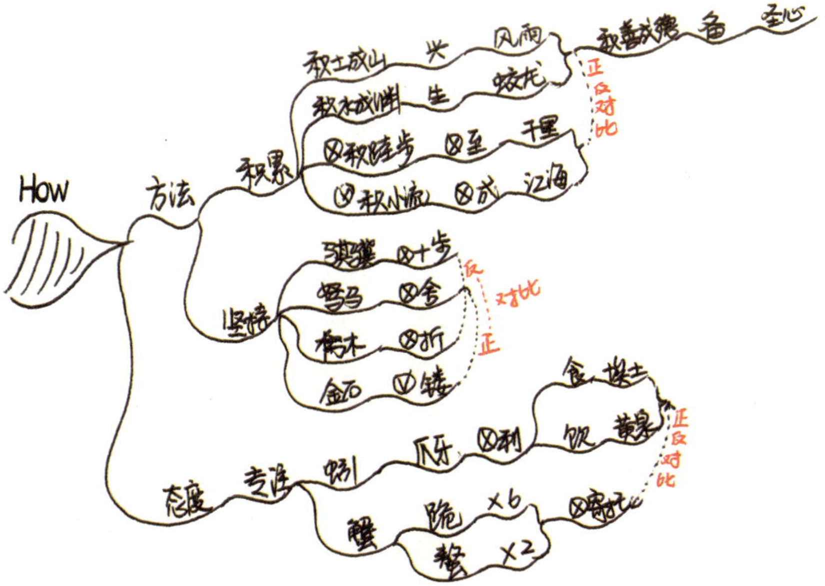

图3-17　第四段的小思维导图

图3-18 《劝学》思维导图

通过上文的分析，我们不难提炼出《劝学》的结构模型：是什么（What）—为什么（Why）—怎样做（How），它就是现在常说的“**黄金圈原则**”，不得不佩服古人的智慧，他们早已遵循了这种原则。

What：开篇先提出中心论点，阐释概念；

Why：紧接着分析中心论点的好处、作用、意义等；

How：最后再阐释怎么才能做到，怎样才能达成。

使用“黄金圈原则”来写议论文是非常好的选择，也很容易上手。

实战练习

《六国论》（作者：苏洵）

六国论

（1）六国破灭，非兵不利，战不善，弊在赂秦。赂秦而力亏，破灭之道也。或曰：六国互丧，率赂秦耶？曰：不赂者以赂者丧，盖失强援，不能独完。故曰：弊在赂秦也。

（2）秦以攻取之外，小则获邑，大则得城。较秦之所得，与战胜而得者，其实百倍；诸侯之所亡，与战败而亡者，其实亦百倍。则秦之所大欲，诸侯之所大患，固不在战矣。思厥先祖父，暴霜露，斩荆棘，以有尺寸之地。子孙视之不甚惜，举以予人，如弃草芥。今日割五城，明日割十城，然后得一夕安寝。起视四境，而秦兵又至矣。然则诸侯之地有限，暴秦之欲无厌，奉之弥繁，侵之愈急。故不战而强弱胜负已判矣。至于颠覆，理固宜然。古人云：“以地事秦，犹抱薪救火，薪不尽，火不灭。”此言得之。

（3）齐人未尝赂秦，终继五国迁灭，何哉？与嬴而不助五国也。五国既丧，齐亦不免矣。燕赵之君，始有远略，能守其土，义不赂秦。是故燕虽小国而后亡，斯用兵之效也。至丹以荆卿为计，始速祸焉。赵尝五战于秦，二败而三胜。后秦击赵者再，李牧连却之。洎牧以谗诛，邯郸为郡，惜其用武而不终也。且燕赵处秦革灭殆尽之际，可谓智力孤危，战败而亡，诚不得已。向使三国各爱其地，齐人勿附于秦，刺客不行，良将犹在，则胜负之数，存亡之理，当与秦相较，或未易量。

（4）呜呼！以赂秦之地，封天下之谋臣，以事秦之心，礼天下之奇才，并力西向，则吾恐秦人食之不得下咽也。悲夫！有如此之势，而为秦人积威之所劫，日削月割，以趋于亡。为国者无使为积威之所劫哉！

（5）夫六国与秦皆诸侯，其势弱于秦，而犹有可以不赂而胜之之势。苟以天下之大，下而从六国破亡之故事，是又在六国下矣。

解题

就题目来看，“六国论”中“论”是古代散文的一种文体，以论证为主，重在析理。正确的语序是“论六国”，内容是“论六国灭亡的根本原因”。

文章梳理

第一段：引论

这一段直接告诉读者六国灭亡的根本原因，即中心论点，“六国破灭，非兵不利，战不善，弊在赂秦”。六国破灭的原因就在于（用土地）贿赂秦国。那些“赂秦”的诸侯国，力量被削弱，最终走向灭亡，而那些“不赂者”，因为失去了强有力的援助，必然不能保全自己，他们的结局同样也是灭亡。可以绘制出以下的小思维导图。

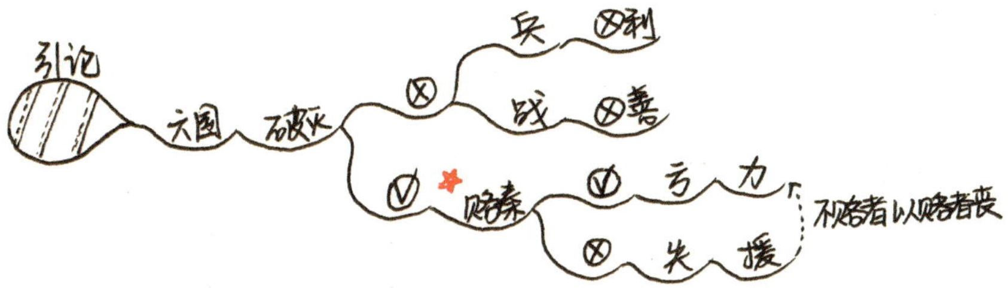

图3-19　第一段的小思维导图

第二、三段：本论

1.对比：赂者与不赂者

赂者

比较：第二段前三句从数量上对比“秦之所得”与“诸侯之所亡”，秦国受赂得到的土地是攻战所得土地的“百倍”，诸侯国赂秦的土地是战败所失土地的“百倍”。得出“诸侯之所大患，固不在战”而在“赂秦”的结论。

批驳：回想他们的“先祖父”，曾经“暴霜露，斩荆棘”，艰辛地开创基业，才有了“尺寸之地”，现如今，他们却不懂得珍惜，将土地拱手相让，弃之如草芥，只为换得“一夕安寝”。但事与愿违，等他们“起视四境，而秦兵又至矣”。苏洵通过背景、现状的比较来批驳诸侯国赂秦之失。

揭露：诸侯的土地是有限的，而暴秦的欲望却是永远无法得到满足的，正如文中所说“奉之弥繁，侵之愈急”。不需要战争，孰强孰弱一眼就能分辨。

成败已定，胜负已决，道理本来就是这样的。最后，苏洵引用古人的话，将“以地事秦”比作“抱薪救火”，其结果只会是“薪不尽，火不灭”，以此来揭露诸侯国赂秦之弊，既对上文的论述进行补充说明，将本段收尾，又运用了比喻论证，通俗易懂，增强了论证的说服力。可以绘制如图3-20的小思维导图。

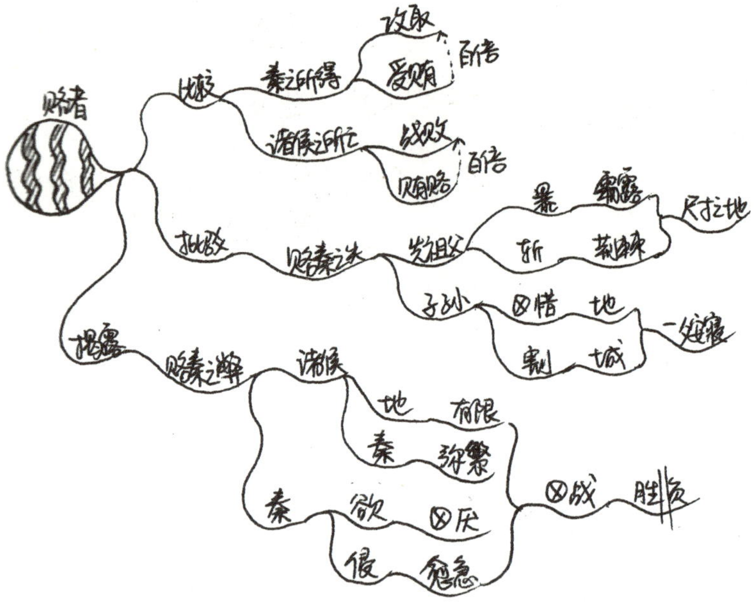

图3-20　赂者的小思维导图

第二段已经论述了赂秦者势必走向灭亡的道路，我们可以大胆地猜测第三段的内容应是不赂者的灭亡，其实看到第一句“齐人未尝赂秦”基本就能证明我们的猜测是对的。

不赂者

举例：齐国不曾贿赂秦国，却在五国灭亡后也亡国了，究其原因，是它“与嬴而不助五国”，亲附秦国，不帮助五国，五国灭亡之后，齐国自然也不能幸免。

再谈燕赵两国，起初两国都有长远的谋略，能够把守住自己的疆土，“义不赂秦”，“斯用兵之效也”。可是，燕太子丹时，他“以荆卿为计”（没错，就是“荆轲刺秦王”的典故），未果，并招致了祸患，秦王大怒，发兵灭燕。而赵国五次与秦对战，两负三胜，而后秦国攻打赵国，赵国良将李牧“连却之”，无奈赵王听信谗言，中了秦王的反间计，杀了李牧。赵国用武却没能坚持到最后，最终被秦所灭，就连都城邯郸都成了秦国的一郡。可惜啊！处在“秦革灭殆尽之际”，燕赵两国智谋穷竭、国力孤危，不得已“战败而亡”。行文至此，苏洵已将“不赂者”的事例一一列出。我们可以绘制如图3-21的小思维导图。

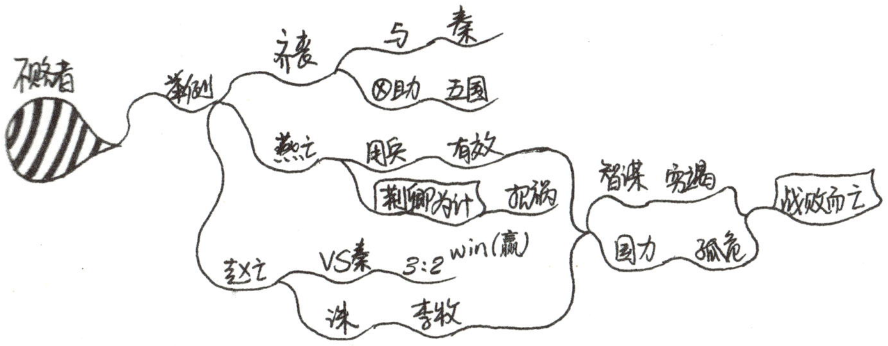

图3-21　不赂者的小思维导图

2.假设

论说文不是事例的堆砌，一定要进行论证。苏洵会怎么论证呢？请注意“向使”二字，这两个字在这里意为“如果让”，这就是要进行假设论证的“前兆”。

如果“赂者”——韩、魏、楚三国能够爱惜自己的土地，如果“不赂者”——齐不依附秦、燕不行刺客、赵不诛良将，恐怕“胜负之数，存亡之理，当与秦相较，或未易量”。

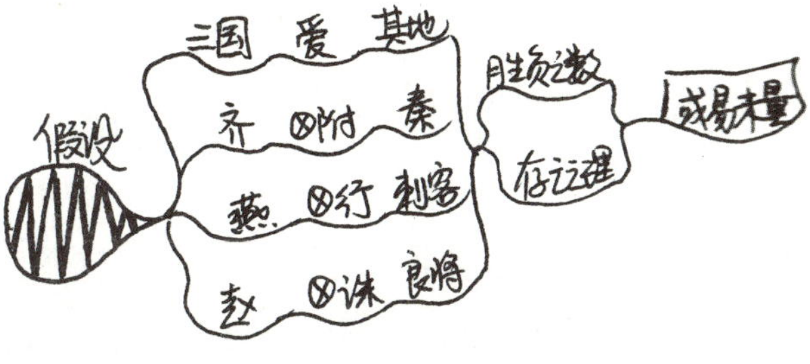

图3-22　假设部分的思维导图

以上两段完美对应了开篇提到的两个分论点。而且议论文中常见的论证方法，即对比论证、引证、喻证、假设论证都有所体现。

第四、五段：结论

第四段开篇“呜呼”，苏洵在慨叹，本来六国与秦国是胜负难分、实力相当，谁输谁赢还难以下定论的，但最终的结局是六国破灭，秦统一天下。

因此，他提出了假设，假如六国把那些贿赂秦国的土地用来封赏谋臣，以那份依附秦国之心来礼待奇才，“并力西向”，恐怕秦国就要“吃不了兜着走”了。

可现实又如何呢？六国最终却被秦积久的威势胁迫，一天天、一月月地被削割土地，最终走向灭亡。实在可悲啊！想药到病除，最根本的是“为国者无使为积威之所劫”，意思是治理国家的人哪，可千万不要被积久的威势所胁迫啊。

写到这里，其实《六国论》已经很完整了，可文章还有一段，这是为什么呢？我们再来把下面这段文字读一遍。

第五段的前一句承接上段的最后一句，六国诸侯势力虽然不及秦国，但依然具备即使不贿赂秦国土地，也能战胜秦国的优势。言外之意，按照上文的药方，这个病是可以祛除的。

后一句“苟以天下之大，而从六国破亡之故事，是又在六国下矣”，思考一下，这句话的主语是谁？谁在跟随六国，走六国的老路？显然不是六国。

这时需要联系一下时代背景。苏洵生活在北宋，他写《六国论》的根本目的是借六国破灭的“故事”，也就是先例来告诫北宋统治者。他承接第四段在这里完成谈“古”论“今”这一目的。借古是为了讽今，六国只是诸侯国，假如我们凭仗着这么大的国家，还自取下策，去“从六国之故事”，势必重蹈六国灭亡的覆辙。“表达他对北宋统治者畏惧强敌契丹（辽）、西夏而奉行赂敌偷安政策的忧虑，为宋朝危机敲响警钟。”

图3-23　第四、五段的思维导图

我们跟着苏洵的论证思路，见识了他抽丝剥茧、层层剖析的论证技巧。这篇文章读下来，你不光可以学习文章的内容，还可以学习这篇文章的行文结构，将其运用到自己的写作中去。

将前面的几幅小思维导图综合一下就形成了图3-24。

中心图

画中心图时选用了扇形背景，里面用篆书写着“六国论”三个字，并分别将其涂上了紫色、蓝色和粉红色。

主干

对三个主干的线条我选择了与中心图一样的配色。主干使用的是引论、本论和结论这种方式。这幅思维导图是在梳理以上文章的小思维导图的基础上完成的，因考虑到“魔力之七”的原则，个别地方有删改。比如，“批驳赂秦之失”中“先祖父”和“子孙”对比的部分；再比如，举燕亡、赵亡的案例部分，可以结合小思维导图一起看。

“引论—本论—结论”这也是议论文常见的结构模型。

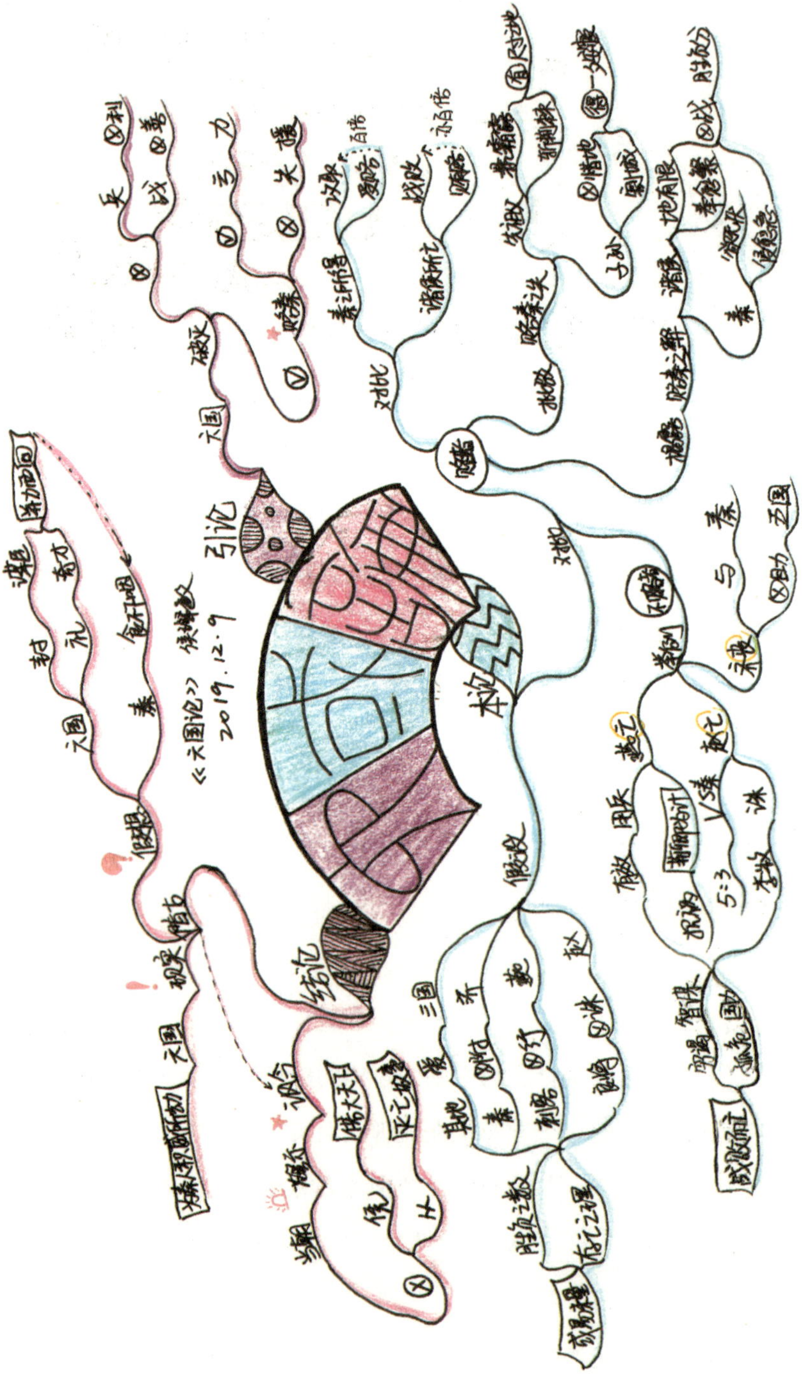

图3-24 《六国论》思维导图

引论：提出问题部分（文章的中心论点）；

本论：分析问题部分（举例、对比、假设等论证方法）；

结论：解决问题部分。

图3-24完全把文章内容逐级呈现了出来，并将其结构可视化。通过这幅思维导图，你能很轻松地串联起《六国论》的具体内容，甚至还能利用这个思维导图重写一篇规范的议论文，这就是思维导图的奇妙之处。

小试牛刀

阅读下面这篇文章（《师说》，作者：韩愈），梳理文章的结构，并试着绘制出思维导图。大家可在文章之后查看思维导图示例。

师说

（1）古之学者必有师。师者，所以传道受业解惑也。人非生而知之者，孰能无惑？惑而不从师，其为惑也，终不解矣。生乎吾前，其闻道也固先乎吾，吾从而师之；生乎吾后，其闻道也亦先乎吾，吾从而师之。吾师道也，夫庸知其年之先后生于吾乎？是故无贵无贱，无长无少，道之所存，师之所存也。

（2）嗟乎！师道之不传也久矣！欲人之无惑也难矣！古之圣人，其出人也远矣，犹且从师而问焉；今之众人，其下圣人也亦远矣，而耻学于师。是故圣益圣，愚益愚。圣人之所以为圣，愚人之所以为愚，其皆出于此乎？爱其子，择师而教之；于其身也，则耻师焉，惑矣。彼童子之师，授之书而习其句读者，非吾所谓传其道解其惑者也。句读之不知，惑之不解，或师焉，或不焉，小学而大遗，吾未见其明也。巫医乐师百工之人，不耻相师。士大夫之族，曰师曰弟子云者，则群聚而笑之。问之，则曰："彼与彼年相若也，道相似也。位卑则足羞，官盛则近谀。"呜呼！师道之不复可知矣。巫医乐师百工

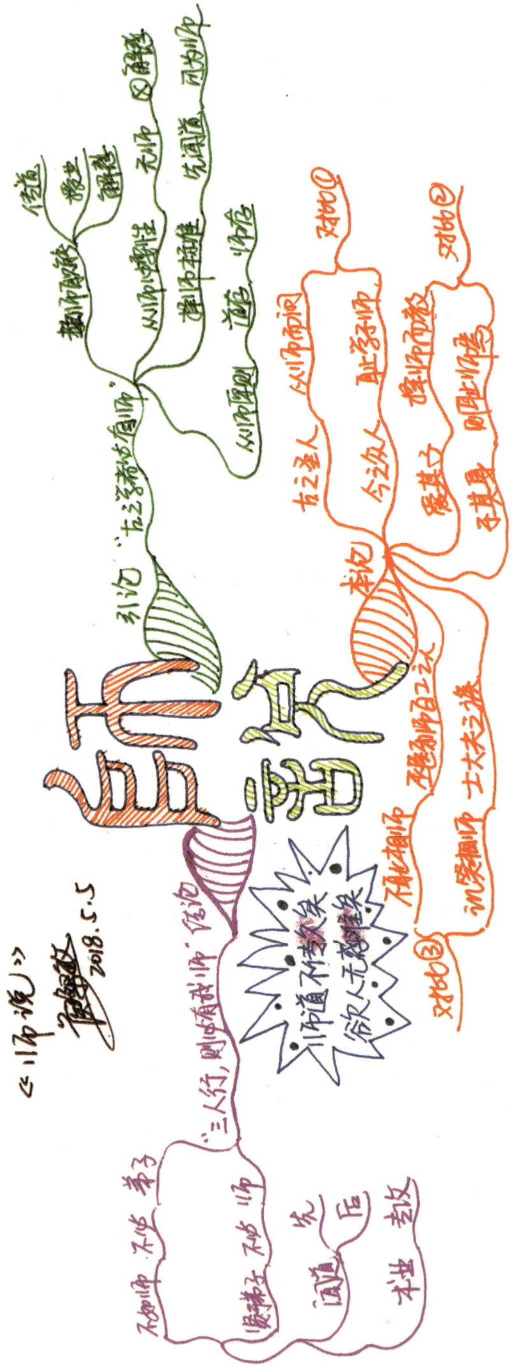

图3-25 《师说》思维导图

之人，君子不齿，今其智乃反不能及，其可怪也欤！

（3）圣人无常师。孔子师郯子、苌弘、师襄、老聃。郯子之徒，其贤不及孔子。孔子曰：三人行，则必有我师。是故弟子不必不如师，师不必贤于弟子，闻道有先后，术业有专攻，如是而已。

（4）李氏子蟠，年十七，好古文，六艺经传皆通习之，不拘于时，学于余。余嘉其能行古道，作《师说》以贻之。

散文类文章

实战练习

《登泰山记》是姚鼐先生写景抒情的散文名篇，入选了部编版语文必修一，我们徜徉于他对大地山川、风物美景的描写中，既能接受美的熏陶，又能够领会深厚的文化内涵。单元概说中提到，要“关注作品中的自然景物描写和人生思考”，其实也就是告诉我们在阅读写景抒情类散文时要抓住“景”与“情”，即散文的“形”与“神”，清楚作者如何做到形散而神聚，下面请跟我一起徜徉其中吧。

登泰山记

（1）泰山之阳，汶水西流；其阴，济水东流。阳谷皆入汶，阴谷皆入济。当其南北分者，古长城也。最高日观峰，在长城南十五里。

（2）余以乾隆三十九年十二月，自京师乘风雪，历齐河、长清，穿泰山西北谷，越长城之限，至于泰安。是月丁未，与知府朱孝纯子颍由南麓登。

四十五里，道皆砌石为磴，其级七千有余。泰山正南面有三谷。中谷绕泰安城下，郦道元所谓环水也。余始循以入，道少半，越中岭，复循西谷，遂至其巅。古时登山，循东谷入，道有天门。东谷者，古谓之天门溪水，余所不至也。今所经中岭及山巅，崖限当道者，世皆谓之天门云。道中迷雾冰滑，磴几不可登。及既上，苍山负雪，明烛天南；望晚日照城郭，汶水、徂徕如画，而半山居雾若带然。

（3）戊申晦，五鼓，与子颍坐日观亭，待日出。大风扬积雪击面。亭东自足下皆云漫。稍见云中白若樗蒱数十立者，山也。极天云一线异色，须臾成五采。日上，正赤如丹，下有红光动摇承之。或曰，此东海也。回视日观以西峰，或得日或否，绛皓驳色，而皆若偻。

（4）亭西有岱祠，又有碧霞元君祠。皇帝行宫在碧霞元君祠东。是日，观道中石刻，自唐显庆以来；其远古刻尽漫失。僻不当道者，皆不及往。

（5）山多石，少土；石苍黑色，多平方，少圜。少杂树，多松，生石罅，皆平顶。冰雪，无瀑水，无鸟兽音迹。至日观数里内无树，而雪与人膝齐。

（6）桐城姚鼐记。

解题

本文题目为“登泰山记”，我们需要把题目中的各个要素拆解一下并进行分析。先来看“记”，高中生对于“记”应该不陌生，初中的时候大家就学过类似的文章。正所谓“温故知新”，用已知带来新知，我们一起来回忆一下初中时学过的“记”，有《桃花源记》《核舟记》《小石潭记》《岳阳楼记》等。可见，“记”是一种文体，既可以叙述一件事情，比如《桃花源记》；也可以介绍一件物品，比如《核舟记》；还可以抒怀言志，比如《岳阳楼记》；更可以记游写景，比如《小石潭记》。

仔细看图3-26这张思维导图，应该基本都能回忆起三篇“记”的内容了。《核舟记》是说明性的文章，其总分总的结构清晰明了，只要梳理出每部分都具体写了些什么即可，相对来说最容易绘制；《小石潭记》属于游记类，以行踪为线索，梳理出几个动词就能把整篇文章串联起来了；《岳阳楼记》属于言志类，先叙述写作的缘由，然后描写登楼所见之巴陵胜状以及所感之悲与喜，最后揭示古仁人之心“不以物喜，不以己悲”，抒发自己的抱负，也就是名句“先天下之忧而忧，后天下之乐而乐”。

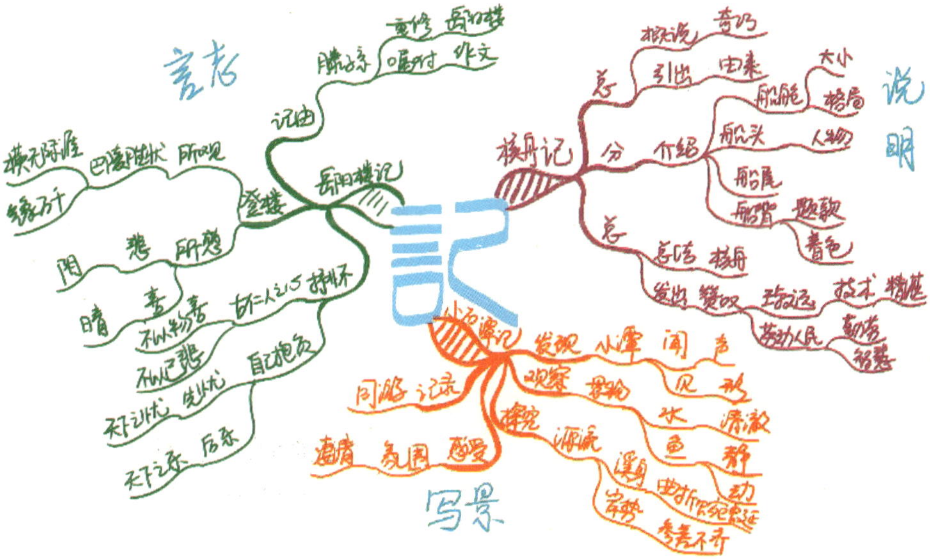

图3-26　“记”思维导图

题目里还剩三个字，“登泰山”，看到“泰山”这个词我们可以猜想到，文章里应该会写到泰山相关的“景”；看到“登”这个动词，我们可以猜想到，文章中可能会提到“爬山的经过”。那么，如果是写泰山之景会是什么样的呢？如果写爬泰山的经过又会是怎样的过程呢？带着问题我们再来细细品读。

文章梳理

第一段：

我们需要先解决两个字——“阳”“阴”的字义问题，这是一对反义词，都是方位名词，分别译成“山南水北”“山北水南”。这段话里出现了较多的方位词，像“西”“东”“南北”“南”，还有前面的“阳”“阴”，我们可以借助这些方位词绘制方位图，如果你能把图画对，就说明这段话的大意你也弄懂了。

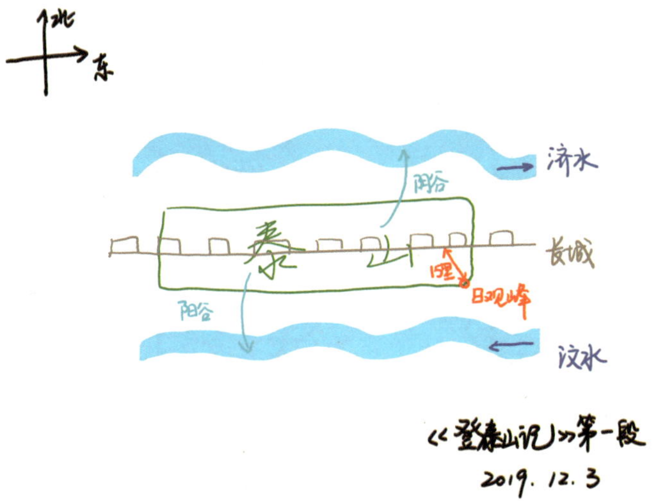

图3-27　第一段小思维导图

图里的核心就是“二水”——汶水、济水、“一线”——长城、“一峰”——日观峰，泰山雄伟壮丽的气势跃然纸上。由面到线再到点，层次非常清楚，一层一层聚焦，最后落脚到“日观峰”，这都是为下文叙述登泰山的路线以及观日落、日出做的铺垫。

这一段的关键词：“西”是名词作状语，向西；“东”是名词作状语，向东。“当其南北分者”中的“当”是在的意思，即在南北分界的地方。

第二段：

时间：

出发的时间是“乾隆三十九年十二月”。

登山的时间是“丁未”。

同伴：知府朱孝纯子颍。

路线：两条。

一条是到达泰山的路线：从京城出发，乘风雪（足见天气条件的恶劣，可是在作者看来，却全然不是这样，他可以驾驭风雪，大风大雪都任由他来支配；虽然“乘”与“冒着”的意思相同，但是一个是轻松愉悦的，一个却是艰难痛苦的，一个“乘”字表现出了作者想要去泰山的迫切心情），“历”齐河、长清两条河流，“穿”泰山西北边的山谷，“越”长城之界线，到达泰安，一连串急促的短句，更是将这种迫切的心情表现得淋漓尽致。

另一条是登山路线：四十五里，山路遥远漫长；七千多级台阶，山峰险峻高耸。因此作者选择顺着中谷，越过中岭，再沿着西谷一直走到顶峰。

胜景：“苍山负雪，明烛天南。”皑皑白雪覆盖在泰山之上，只是一种很普通的事实陈述，而姚鼐先生在此处使用了“负”这个字，“负”为背负，是人才能有的行为状态，青黑青黑的泰山背负着皑皑白雪，作者用拟人的手法，赋予了泰山以生命，足见积雪之多、积雪之厚。“烛”在这里是“名词活用作动词用”，可译成“照”。皑皑白雪反射的光照亮了南面的天空。八个字写尽皑皑白雪覆盖之下的泰山壮景，意境全出，将桐城派的“雅洁”发挥到了极致。“望晚日照城郭，汶水、徂徕如画，而半山居雾如带然”。上文中雪反射的光从何而来？原来是晚日夕照，远望夕阳映照下的泰安城，汶水、徂徕宛如山水画一般，停留在半山腰的云雾又像是一条舞动的丝带。

这一切不由得让人联想到《游褒禅山记》里说的，“世之奇伟、瑰怪、非常之观，常在于险远，而人之所罕至焉”。这一路大雾弥漫，难以辨别方向，这一路冰冻溜滑，几乎不可攀登，足见作者历经的艰难险阻。尽管如此，他依然不畏艰险，勇于攀登，最终看到奇观。

这篇文章的内容看似很多，但经过上面的梳理便变得很清晰了，再配合简易的小思维导图，理解起来效果就会更好。

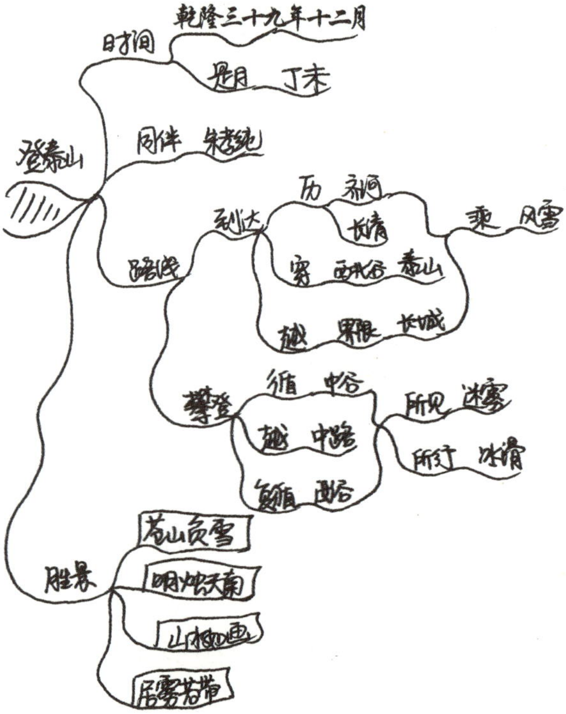

图3-28　第二段的小思维导图

然而这些都是登泰山路上偶得之，重头戏还在后面。

第三段：这段叙述的是观日出奇观。思考一下，这段可以分为哪几个层次？能不能在文字旁边画上简易的小思维导图呢？

三个层次梳理如下：

待日出（日出前/日将出）：大风扬起的山头积雪扑面而来，往山脚下看去，一片云雾弥漫。在云中，几十个依稀可见的白色的、像骰子一样的东西立着，那是山。

日上（日出时/日正出）：天边的云变成一条线，呈现出奇异的色彩（“异色”），不一会儿又变成五颜六色（“五采”）的了；太阳慢慢升起来了，朱砂一般通红通红。看哪，下面还有跃动的红色承托着它，展现出了无穷的活力，那是生命的力量，那是人们常说的东海，此刻，它俨然已经成了旭日喷薄而出的宏大背景，一切等待都是值得的。

回望（日出后/日已出）：回头看看日观峰以西的山峰，山色斑驳，迎着光的那一面满眼绛红，背着光那一面却是皓白一片。群峰弯腰曲背的样子似为日观峰所倾倒一般。

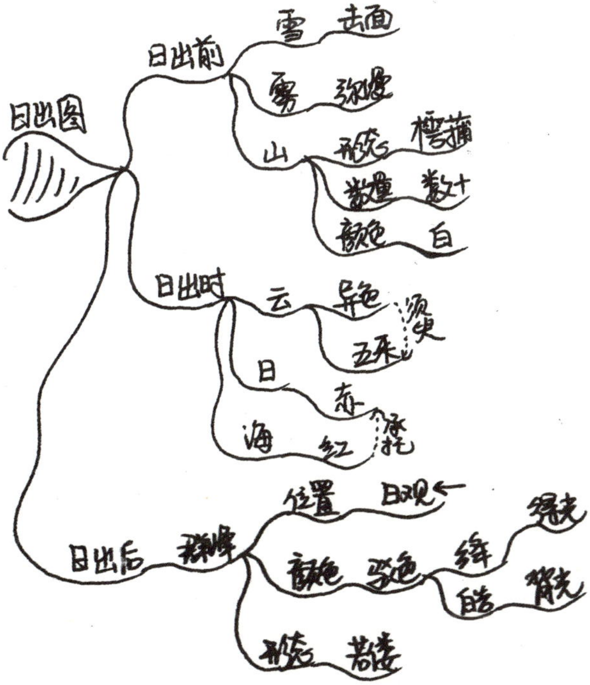

图3-29　第三段的小思维导图

一幅幅“画”给了我们足够的冲击力，不论是绘景还是着色，都互相关联，让泰山日出之景更具动感、立体感。写到这里文章并没有结束，姚鼐先生还不忘补叙泰山的名胜古迹、自然景观、冬日景象，也就是文章的第四、第五段。

第四、五段：从岱祠到碧霞元君祠，再到皇帝行宫，最后到道中石刻，这些古迹无不反映出泰山的古老风貌，凸显着泰山的历史厚重感。

山上多石头且多为平的、方的，而圆的少；山上多是松树，松树从石头的缝隙中长出，顶是平的；因为冰天雪地，所以看不到瀑布溪水，也看不到鸟兽踪迹；还有一怪，日观峰附近几里以内竟然没有树，只有那与人膝齐高的皑皑白雪，这正呼应了上文所说的“苍山负雪”中的“负”，也很好地解释了待日出时为何会“大风扬积雪击面”。因此，小思维导图可以这样画：

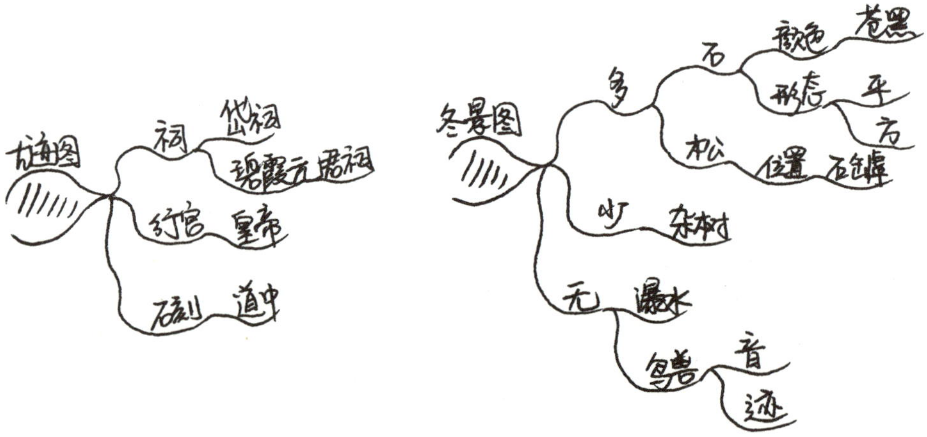

图3-30 第四、第五段的小思维导图

把泰山写得如此雄伟壮丽，作者到底想表达什么呢？自然是他之前就向往着能“身临其境”，终于在乾隆三十九年十二月去了，一路上即便风雪交加，也是“乘”着风雪；由当时愉悦的心情可想而知，他迫切地想去登泰山。

唯有登上顶峰，才能看到泰山夕照、日出的奇观胜景，正所谓“无限风光在险峰”！登顶之后，即使风雪交加，积雪“击面”，但是，唯有登上顶峰，才能真切地感受到什么是“会当凌绝顶，一览众山小”，才能成为真正的勇士，而那些“若偻”的群峰似乎是在向作者致敬！更是向不畏艰难险阻、勇于攀登的勇士精神致敬！我想这也许就是姚鼐先生在《登泰山记》中要传达给我们的信息吧。当然，这只是我个人的解读，俗话说，“一千个读者有一千个哈姆雷特”，相信你也能读出自己的《登泰山记》。

《登泰山记》是写景抒情类的散文，所以不难抓住它的形与神，我们将前面绘制的小思维导图进行整合，便可以绘制出全图，即图3-31，这样就可以轻松地“由形索神”了。

中心图

寥寥几笔画出山峰，写上“五岳独尊”，这样自然就能让人联想到泰山；画上太阳，因为文章的主体部分是对泰山日出景象的描绘；最后写上标题和作者，就完成了中心图的绘制。

主干

“形”的部分：

先介绍泰山的地形、地理位置以及最高峰，然后记录自己登泰山的经过，再到在日观峰赏日出，最后补叙泰山的人文景观——名胜古迹和自然景观——泰山九怪。怎样体现文章的逻辑层次呢？我们可以采用“合并同类项”的办法，把相似的内容放在一起，文章内容围绕泰山，分成绘（绘制）、登和赏三部分。

再继续往下看分支，绘泰山的部分不难，分析的时候已经提到二水、一线、一点。登泰山的部分由时间、同伴、路线和胜景构成，两个时间，两条路

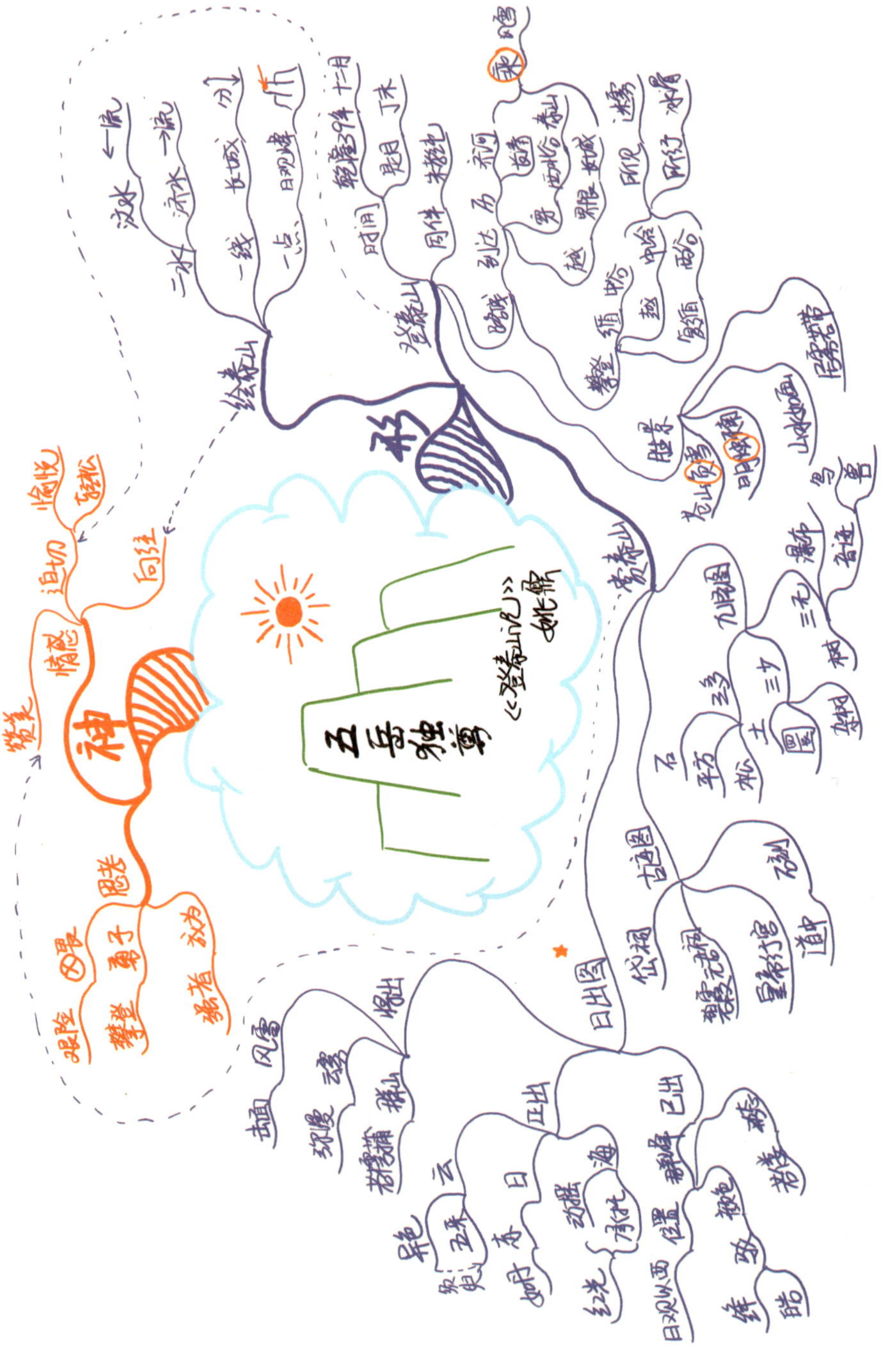

图3-31 《登泰山记》思维导图

线之间要建立起联系，所以可以用虚线连接起来。胜景一共只有四句，姚鼐先生的优美文字可以直接拿来用。

最难的分支非“赏泰山”莫属！它“统帅”着后三段的内容，有了前面对文本的梳理和已经绘制出的小思维导图，这里只需要将它们组合到一起即可。

“神”的部分：

抓住了“形”，我们需要按图索骥，找到它背后的“神”，这需要我们在理解作者对“形”的描述的基础上去感受、去体悟。我个人的理解是，《登泰山记》的“神”涉及两个层次：一个是情感的抒发，另一个是对人生的思考。

《登泰山记》是一篇写景抒情类的古代散文，全文以作者的行踪为线索，作为高一的入门文言文，难度适中。接下来，我们来看一篇稍微有些难度的文章。

实战练习

《赤壁赋》（作者：苏轼）

赤壁赋

（1）壬戌之秋，七月既望，苏子与客泛舟游于赤壁之下。清风徐来，水波不兴。举酒属客，诵明月之诗，歌窈窕之章。少焉，月出于东山之上，徘徊于斗牛之间。白露横江，水光接天。纵一苇之所如，凌万顷之茫然。浩浩乎如冯虚御风，而不知其所止；飘飘乎如遗世独立，羽化而登仙。

（2）于是饮酒乐甚，扣舷而歌之。歌曰：“桂棹兮兰桨，击空明兮溯流光。渺渺兮予怀，望美人兮天一方。”客有吹洞箫者，倚歌而和之。其声呜呜然，如怨如慕，如泣如诉，余音袅袅，不绝如缕。舞幽壑之潜蛟，泣孤舟之嫠妇。

（3）苏子愀然，正襟危坐而问客曰：“何为其然也？”客曰：“月明星稀，乌鹊南飞，此非曹孟德之诗乎？西望夏口，东望武昌，山川相缪，郁乎苍苍，此非孟德之困于周郎者乎？方其破荆州，下江陵，顺流而东也，舳舻千里，旌旗蔽空，酾酒临江，横槊赋诗，固一世之雄也，而今安在哉？况吾与子渔樵于江渚之上，侣鱼虾而友麋鹿，驾一叶之扁舟，举匏樽以相属。寄蜉蝣于天地，渺沧海之一粟。哀吾生之须臾，羡长江之无穷。挟飞仙以遨游，抱明月而长终。知不可乎骤得，托遗响于悲风。”

（4）苏子曰：“客亦知夫水与月乎？逝者如斯，而未尝往也；盈虚者如彼，而卒莫消长也。盖将自其变者而观之，则天地曾不能以一瞬；自其不变者而观之，则物与我皆无尽也，而又何羡乎！且夫天地之间，物各有主，苟非吾之所有，虽一毫而莫取。惟江上之清风，与山间之明月，耳得之而为声，目遇之而成色，取之无禁，用之不竭，是造物者之无尽藏也，而吾与子之所共适。”

（5）客喜而笑，洗盏更酌。肴核既尽，杯盘狼籍。相与枕藉乎舟中，不知东方之既白。

解题

《赤壁赋》记叙了苏轼和友人于月夜泛舟游赤壁的所见所感。

关于“赋”这种体裁，《文心雕龙》中说：“赋者，铺也；铺采摛文，体物写志也。”“铺采摛文”，指赋的形貌；“体物写志”，指赋的内容。赋在艺术表现上必然注重铺陈以形容事物的外像和内理，在语言上则使用新奇华丽的辞藻。苏轼这篇《赤壁赋》在行文上体现了他的独特构思，情韵深致、立意透辟，在中国文学史上有着很高的文学地位，它对后世的赋、散文、诗有着深远的影响。

文章梳理

第一段：这一段的内容从事、景和情三个层次展开，友人相聚，泛舟夜游，欣赏美景，畅饮美酒，诵诗咏文，何其乐也！欣赏到的是怎样的美景呢？皓月当空，月色朦胧，水波不兴，碧水万顷，水光接天，一片柔和之美。苏轼触景而生情，“浩浩乎”“飘飘乎”，畅叙飘逸，遗世独立，羽化登仙。此时苏轼畅游在现实的水月世界里。此处我们可以绘制小思维导图如下。

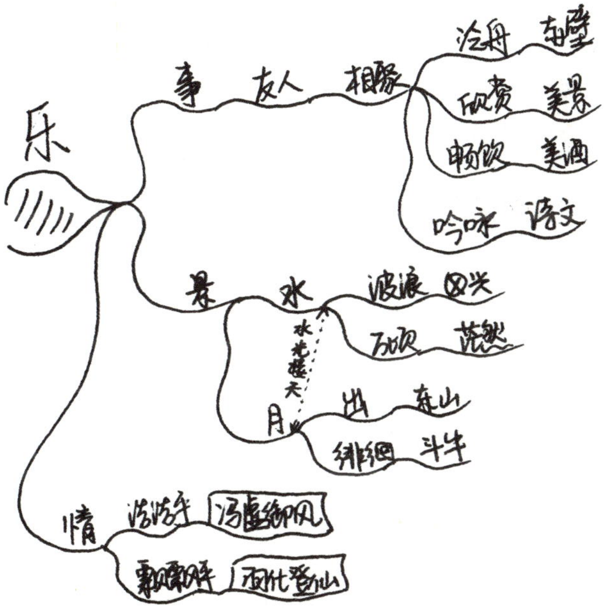

图3-32　第一段的小思维导图

第二段：苏轼欣赏着美景，畅饮着美酒，心情愉悦。于是，他不自主地拍打着船舷唱起歌来，可是歌中讲到了“望美人兮天一方”，君主与我天各一方，由乐向悲过渡。同行的客人听出了其中的感觉，应和着曲调，吹起了洞箫，那洞箫的声音哀婉凄凉，让悲更进一层。由乐到悲，完成了过渡。

第三段：这一段里包含着三重悲情。

苏轼听着听着，面色改变，就问客人，为什么箫声这样凄凉呢？客人回答，来到赤壁，看到水月，他就想到了有关的诗句，想到了曹操《短歌行》中“月明星稀，乌鹊南飞”的诗句，再向西、向东看看周围的景，“山川相缪，郁乎苍苍”，这不就是当年曹操被周瑜围困的地方吗？进而想到当时曹操势如破竹，所向披靡，攻占荆州、江陵，一路向东进军，船与船首尾相连，战旗飘飘，遮蔽天空，其阵仗可见一斑。

再看看自己和苏轼，不过是普通人，捕着鱼，砍着柴，举着“匏樽”喝着酒，过着最普通的日子，渺小得如在广阔天地中的“蜉蝣”和辽阔大海中的“一粟”，可悲啊！

一重悲：历史人物（曹操）英武，而现实自我却渺小。

那个临江斟酒、横槊赋诗的一代枭雄，今天又在哪里呢？水还是那江水，月还是那明月，但英雄已经不在。与无穷无尽的江水比起来，我们的人生又何其短暂！宇宙“无穷”，人生“须臾”，再生一重悲。

二重悲：宇宙无穷，而人生却短暂。

既然如此，那我就挟着飞仙，抱着明月，去遨游、去放纵，可是就连片刻我也“不得”，因此我的箫声才会在悲风中吹起。由此，整篇文章的情感由乐到悲。

三重悲：理想自由不羁，现实却百般不遇。

这里的“水月”存在于《短歌行》的诗句里，存在于赤壁之战中，存在于历史中，给人一种苍凉之意。

第四段：苏轼历来是豪迈、洒脱的代名词，他自然要宽慰一下自己的朋友。苏轼一上来就用“水”和“月”来做比较，深入浅出地说明事物有变与不变的两重性。客人之所以“悲”，是因为他只看到了人生短暂变化不定的一面，然而从不变的角度来看，世间的万物都是无穷无尽的，人也不例外。既然人也是无尽的、是永存的，那又何必羡慕那“水”与“月”呢？

英雄固然可敬，但历史毕竟已经成为过去，纵然时光匆匆，人生短暂，但世间万物与我同在，无穷无尽，更何况世间的万物都有自己的主人，如果不是自己的东西，即使一丝一毫也不要索取，而宴请时的清风明月就是大自然最无私的馈赠，是享之不尽的。这样来说，世间的一切，诸如是非、荣辱、得失这些都不足为念了，这样想着，精神上也就得到了解脱。从这里，我们也不难看出苏轼旷达的人生态度。由此，我们可以绘制第三、第四段的小思维导图如下。

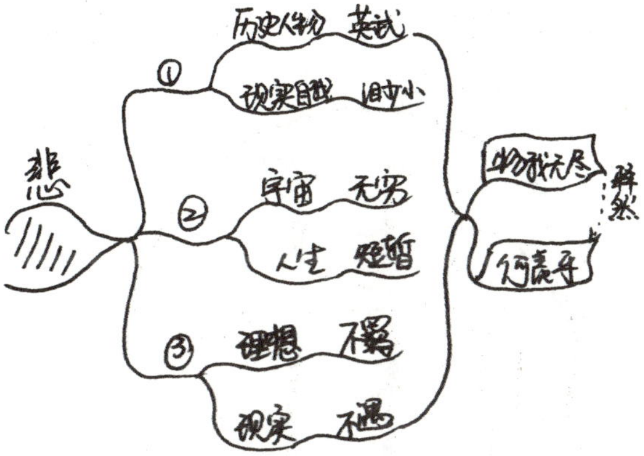

图3-33　第三、第四段的小思维导图

第五段： 客人明白了苏轼所说的话，“喜而笑”，想必此时其内心已经释然，那就继续高举酒杯畅饮吧！杯盘狼藉、枕藉舟中，不觉已经天亮了。

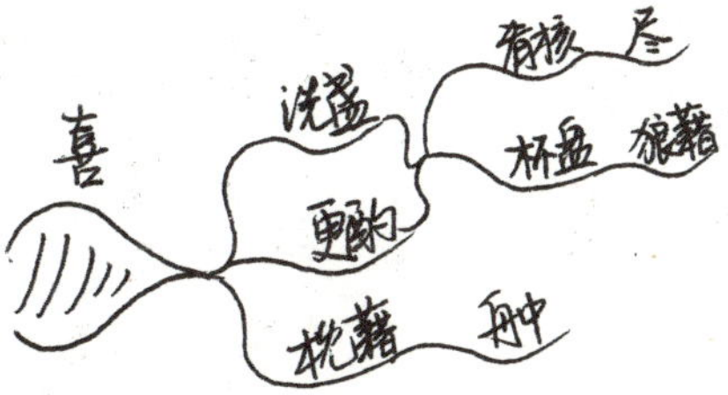

图3-34　第五段的小思维导图

综上所述，不难画出《赤壁赋》的完整思维导图，如图3-35所示。

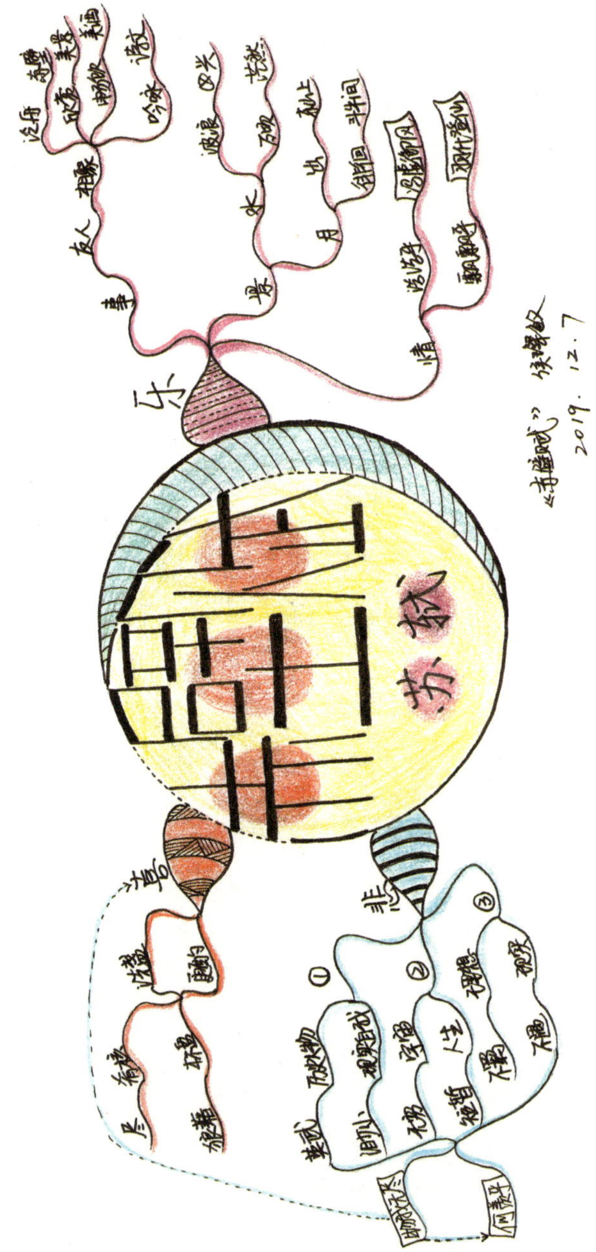

图3-35 《赤壁赋》思维导图

中心图

中心图选用圆形外框，并对其进行了变形，加上阴影使图显得更立体。“赤壁赋”三个字沿着圆形的外框来书写，三种颜色对应着主干的三个颜色。

主干

根据作者情感的变化，主干分成乐、悲、喜三个部分。因为是情感，所以颜色的选择也要注意对应，玫红色给人暖暖的感觉，可以用于“乐”的主干绘制；蓝色是忧伤之色，可以用于“悲”的主干绘制；橘色代表热情，可以用于“喜”的主干绘制。

小试牛刀

请梳理王安石的《游褒禅山记》，并绘制思维导图。可以在文章之后查看示例思维导图。

游褒禅山记

褒禅山亦谓之华山。唐浮图慧褒始舍于其址，而卒葬之；以故其后名之曰“褒禅”。今所谓慧空禅院者，褒之庐冢也。距其院东五里，所谓华山洞者，以其乃华山之阳名之也。距洞百余步，有碑仆道，其文漫灭，独其为文犹可识，曰“花山”。今言“华”如“华实”之“华”者，盖音谬也。

其下平旷，有泉侧出，而记游者甚众，所谓前洞也。由山以上五六里，有穴窈然，入之甚寒，问其深，则其好游者不能穷也，谓之后洞。余与四人拥火以入，入之愈深，其进愈难，而其见愈奇。有怠而欲出者，曰：“不出，火且尽。”遂与之俱出。盖余所至，比好游者尚不能十一，然视其左右，来而记之者已少。盖其又深，则其至又加少矣。方是时，余之力尚足以入，火尚足以明也。既其出，则或咎其欲出者，而余亦悔其随之而不得极夫游之乐也。

于是余有叹焉。古人之观于天地、山川、草木、虫鱼、鸟兽，往往有得，以其求思之深而无不在也。夫夷以近，则游者众；险以远，则至者少。而世之奇伟、瑰怪，非常之观，常在于险远，而人之所罕至焉，故非有志者不能至也。有志矣，不随以止也，然力不足者，亦不能至也。有志与力，而又不随以怠，至于幽暗昏惑而无物以相之，亦不能至也。然力足以至焉，于人为可讥，而在己为有悔；尽吾志也而不能至者，可以无悔矣，其孰能讥之乎？此余之所得也。

余于仆碑，又以悲夫古书之不存，后世之谬其传而莫能名者，何可胜道也哉！此所以学者不可以不深思而慎取之也。

四人者：庐陵萧君圭君玉，长乐王回深父，余弟安国平父、安上纯父。至和元年七月某日，临川王某记。

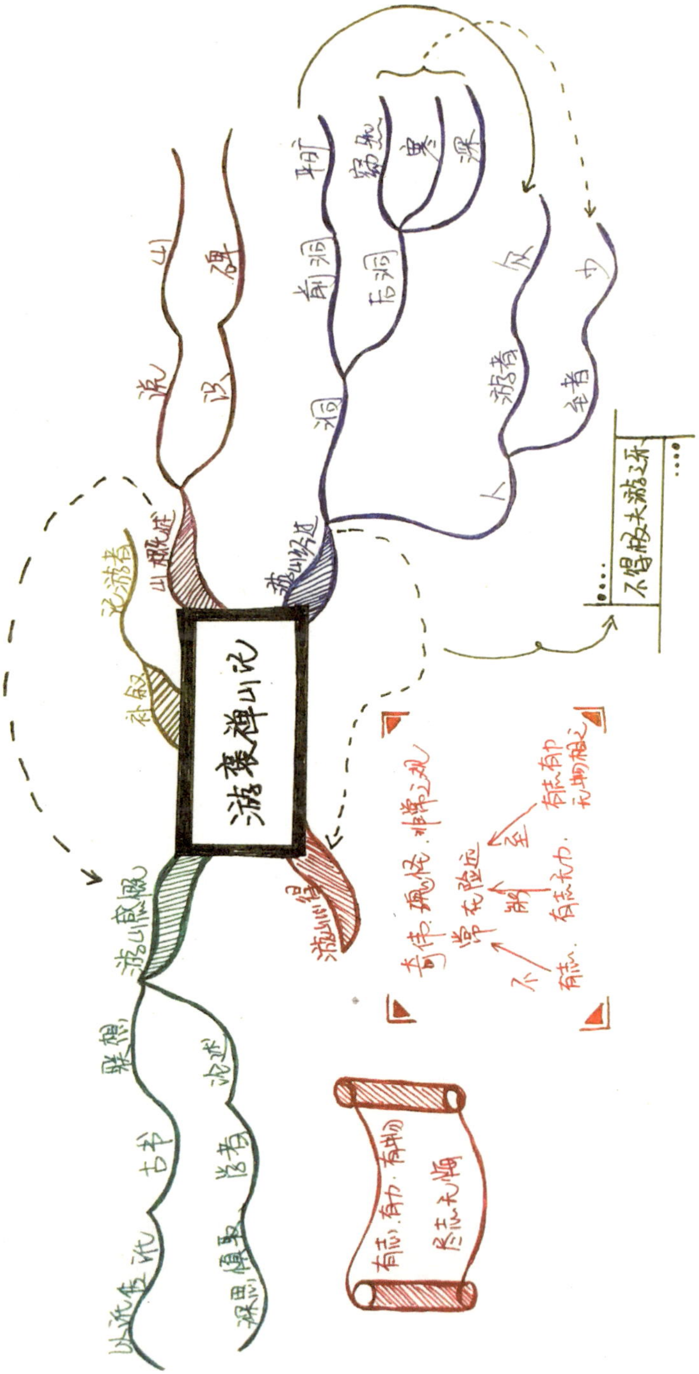

图3-36　《游褒禅山记》思维导图　姚一然绘制

第四章

背诵默写可以这样有趣（so interesting）

背诵默写一直都是学生的“老大难”，一是学生不喜欢背诵，认为背诵是一件劳神费力还收益甚小的事，花那么多时间还不如做几道理科题；二是很多学生不会背诵，不能根据文意理解背诵，只一味地死记硬背，结果就是要么背得稀里糊涂，把内容背串了，要么就是好不容易背下来，默写的时候又把字写错。于是，背诵默写就成了语文学习过程中难以迈过去的槛。

但是，背诵默写是语文高考唯一有范围的必考内容，在试卷中一般占6—8分。另外，如果能在高考作文中把某些诗句写进自己的文章，学以致用，就能为文章增色不少，那其所占的分数自然会比6—8分更多。

古人云：“书读百遍，其义自见。”要背诵一首诗或者一篇文章，第一步就是反复诵读。你是不是习惯这样背书——拿起书来读两三遍，把书合上就开始背；背两句，看一眼；再背两句，再看一眼……这样往往花费很多时间，还达不到理想的效果。背诵时如果习惯性地看提示，既记不准，也记不牢。

有没有比较科学的背诵方法呢？有没有操作性强、效果好的背诵方法呢？答案是肯定的！目前，我教给学生方便又实用，并且经过实践证明有效的方法就是图像记忆法加思维导图。

将自己要背诵的诗或者文章在脑海里转化并“链接”成一个个画面、场景，在理解的基础上记忆，再通过绘制思维导图巩固背诵的效果。也就是说，我们可以将思维导图与简单的记忆法，如谐音、图像、联想等相结合，把诗歌中的关键内容连缀起来。由此可以归纳为背诵默写五步走：

第一步，朗读诗歌；

第二步，理解文本；

第三步，联想记忆；

第四步，全图呈现；

第五步，背诵默写。

做到这五步，你不但能在这个过程中充分地理解文本，还能提高自己背诵记忆的效率和准确度，达到事半功倍的效果。

图像联想记忆+思维导图，短篇诗歌记得快

实战练习

《定风波》是豪放派代表词人苏轼写的一首婉约风格的词。它虽然没有《念奴娇·赤壁怀古》中“乱石穿空，惊涛拍岸，卷起千堆雪”的壮阔江景、磅礴气势，却有宛如“人生如梦，一尊还酹江月”的从容与洒脱。这首词篇幅相对较短，容易上手，先来试一试吧。

请先朗读诗歌三遍：

定风波

三月七日，沙湖道中遇雨。雨具先去，同行皆狼狈，余独不觉。已而遂晴，故作此。

莫听穿林打叶声，何妨吟啸且徐行。竹杖芒鞋轻胜马，谁怕？一蓑烟雨任平生。

料峭春风吹酒醒，微冷，山头斜照却相迎。回首向来萧瑟处，归去，也无风雨也无晴。

理解文本

此词作于宋神宗元丰五年（1082），贬谪黄州后的第三年。写眼前景，寓心中事；因自然现象，谈人生哲理。属于即景生情，而非因情造景。作者自有这种情怀，遇事便触发了。《东坡志林》说："黄州东南三十里为沙湖，亦曰螺师店，予买田其间，因往相田。"途中遇雨，便写出这样一首于简朴中见深意、寻常处生波澜的词来。

首句"莫听穿林打叶声"，只"莫听"二字便见性情。雨点穿林打叶，发出声响，是客观存在，说"莫听"，就有外物不足萦怀之意。那么便怎样？"何妨吟啸且徐行"，是前一句的延伸。在雨中照常舒步徐行，呼应小序"同行皆狼狈，余独不觉"，又引出下文"谁怕"即不怕来。徐行而又吟啸，是加倍写；"何妨"二字透出一点俏皮，更增加挑战色彩。首两句是全篇主脑，以下词情都是从此生发。

"竹杖芒鞋轻胜马"。先说竹枝芒鞋与马。前者是步行所用，属于闲人的。作者在两年后离开黄州量移汝州，途经庐山，有《初入庐山》诗云："芒鞋青竹枝，自挂百钱游；可怪深山里，人人识故侯。"用到竹枝芒鞋，即俗所谓"我是世间闲客、此闲行"（《南歌子》）者。而马，则是官员或忙人的坐骑，即俗所谓"行人路上马蹄忙"者。两者都从"行"字引出，因而具有可比性。前者胜过后者在何处？其中道理，用一个"轻"字点明，耐人咀嚼。竹杖芒鞋诚然是轻的，轻巧，轻便，然而在雨中行路用它，拖泥带水的，比起骑马的便捷来又差远了。那么，这"轻"字必然另有含义，分明是有"无官一身轻"的意思。

何以见得？封建士大夫总有这么一项信条，是达则兼济天下，穷则独善其身。苏轼因反对新法，于元丰二年被人从他的诗中寻章摘句，硬说成是"谤讪朝政及中外臣僚"，于知湖州任上逮捕送御史台狱；羁押四月余，得免一死，谪任黄州团练副使，本州安置。元丰三年到黄州后，答李之仪书云：“得罪以来，深自闭塞，扁舟草屦，放浪山水间，与樵渔杂处，往往为醉人所推骂，辄自喜渐不为人识。”被人推搡漫骂，不识得他是个官，却以为这是可喜事。《初入庐山》云“可怪深山里，人人识故侯”，则是从另一面表达同样的意思。这种心理是奇特的，也可见他对于做官表示厌烦与畏惧。“官”的对面是“隐”，由此引出一句“一蓑烟雨任平生”来，是这条思路的自然发展。

关于“一蓑烟雨任平生”，流行有这样一种解释：“披着蓑衣在风雨里过一辈子，也处之泰然。（这表示能够顶得住辛苦的生活。）”（胡云翼《宋词选》）从积极处体会词意，但似乎没有真正触及苏轼思想的实际。这里“一蓑烟雨”，我以为不是写眼前景，而是在说心中事。试想此时“雨具先去，同行皆狼狈”了，哪还有蓑衣可披？“烟雨”也不是写的沙湖道中雨，乃是江湖上烟波浩渺、风片雨丝的景象。苏轼是想着退隐于江湖！他写这首《定风波》在三月，到九月作《临江仙》词，又有“小舟从此逝，江海寄馀生”之句，使得负责管束他的黄州知州徐君猷听到后大吃一惊，以为这个罪官逃走了（叶梦得《避暑录话》卷二）；结合答李之仪书中所述的“扁舟草屦，放浪山水间，与樵渔杂处”而自觉可喜，他的这一种心事，在黄州的头两三年里一而再、再而三地表白出来，用语虽或不同，却可以彼此印证。再看看别人对“一蓑”的用法，如陆游《题绣川驿》的“会买一蓑来钓雨”和《舟过小孤有感》的“商略人生为何事，一蓑从此入空蒙”，不俨然是苏轼“一蓑烟雨任平生”“小舟从此逝，江海寄馀生”那几句的翻版吗？陆游也是个宦途不得志的诗人，以放翁诗证东坡词，则“一蓑烟雨任平生”之为归隐的含义，也是可以了然的。苏轼对于张志和的《渔父》词“青箬笠，绿蓑衣，斜风细雨不须归”极为称赏，恨其曲调不传，曾改写为《浣溪沙》入歌（吴曾《能改斋漫录》卷十六）。江湖上的“斜风细雨”既令他如此向往，路上遭遇的几点雨自然就不觉得什么了。

下片到“山头斜照却相迎”三句，是写实，不须作过深的诠解；不过说“斜照却相迎”也透露着喜悦的情绪。词序说：“已而遂晴，故作此。”七个字闲闲写下，却是点睛之笔。没有这个“已而遂晴"，这首词他是不一定要写的。写晴，仍牵带着原先的风雨。他对于这一路上的雨而复晴，引出了怎样的感触来呢？

这就是接下去的几句：“回首向来萧瑟处，归去，也无风雨也无晴。”萧瑟，风雨声。“夜雨何时听萧瑟”，是苏轼的名句。天已晴了，回顾来程中所经风雨，自有一番感触。自然界阴晴圆缺的循环，早已惯见，毋庸怀疑；宦途中风雨的袭来，却很难料定何时能有转圜，必定有雨过天晴的遭际吗？既然如此则如黄庭坚所说的，“病人多梦医，囚人多梦赦”（《谪居黔南十首》），遭受风吹雨打、喜晴的心事也不需有了，这便是“也无风雨也无晴”的真谛。如何到得政治上“也无风雨也无晴”的境界？是“归去”！这个词汇从陶渊明的“归去来兮”取来，照应上文“一蓑烟雨任平生”。在江湖上，即使是烟雨迷蒙，也比宦途的风雨好多了。

陈长明

出自《宋词大辞典》354页

联想记忆

不要听（耳朵上画叉表示）那一支箭穿过树林打在叶子上的声音，加上拟声词“啪”，让人更能感觉到那声音既是打在叶上，也是打在心里。即使下雨又有什么关系，为什么不一边慢慢地走，一边吟唱着诗篇呢？可以用“慢行”的交通标志作为“徐行”的近义联想。

拿着竹杖、穿着草鞋漫步雨中比起做官时骑着骏马自然轻快了许多。用芒果色来涂鸦的“芒鞋”自然能加深印象，将竹杖芒鞋与马匹放在天平上比比看，孰轻孰重？高高翘起“竹杖芒鞋”在告诉你，此时，穿着草鞋、拄着拐杖的苏东坡远离污浊的官场，心中是何等轻松、自在！一个颤抖的英文单词“Who”在反问：“谁怕？”

苏东坡的回答掷地有声：“我不怕！”身披蓑衣，纵横官场，经历人生的起起伏伏！“任平生”很抽象，如何用图表现出来？如果将它变成谐音“扔瓶升”，是不是很有画面感？火柴人扔出一个瓶子，瓶子就长出翅膀一飞升天，是不是有点像苏东坡看淡官场的一切，把所有的不快都装进瓶子里，痛快地扔出去的感觉？非常吻合他当时内心的那种从容淡定和豪迈洒脱。

轻柔的春风拂面，三条绿色的缠绕着的线代表着春天，也代表着风。被吹得微醺的苏东坡顿时酒醒，连酒坛都开始冒着金星，谐音“酒醒”。天气有些冷啊，就连“冷”字都在颤抖了！火柴人迎着山继续前行，山头斜照过来的缕缕阳光冲破了浓云，自己心头暖暖的。

不觉回过头看一看曾经走过的地方，回去吧！对苏东坡而言，没有风雨，也没有太阳。自然界中的风雨与晴天实属寻常，苏东坡并不在意；人生中的得意与失意、官场上的沉浮与荣辱得失，他亦不在意。

中心图

诗中拄着竹杖、穿着芒鞋的苏东坡！为了突出词题“定风波”和词人“苏轼”，我采用“合字法”，取每个字的一部分，将其融合在一起，比较吸引眼球！

主干

主干分为上阕与下阕，根据上文的联想记忆绘制出相应的图画，并涂上醒

图4-1　《定风波》背诵的思维导图

目的颜色，当然还需要标注一下文字，做到默写时字字精准！

默写时要注意“吟啸”的“吟”，“任平生”的“平”，“萧瑟处”的“萧”，“也无晴”的“晴”。

趁热打铁，再来一首词帮大家强化一下联想记忆、图像转化吧！

实战练习

《声声慢》这首词入选了2019部编版《语文》必修一，在第三单元。作为南宋女词人李清照南渡之后的代表作，《声声慢》一直是语文教材中的经典篇目。

声声慢

寻寻觅觅，冷冷清清，凄凄惨惨戚戚。乍暖还寒时候，最难将息。三杯两盏淡酒，怎敌他、晚来风急！雁过也，正伤心，却是旧时相识。

满地黄花堆积，憔悴损，如今有谁堪摘？守着窗儿，独自怎生得黑！梧桐更兼细雨，到黄昏、点点滴滴。这次第，怎一个愁字了得！

理解文本

这首词是李清照南渡以后的名篇之一。

上片，起头三句，“寻寻觅觅，冷冷清清，凄凄惨惨戚戚”，由七组叠字构成，这是词人在艺术上的大胆开拓。词开篇就是“寻寻觅觅”四字，似乎让人一时不知所云，但仔细猜想体会就会发现，这反映了词人此时心有所失的精神状态：外族入侵、政权崩溃、夫君病逝、流离失所使得词人异常空虚，无可寄托，心绪难宁；国破家亡之际，她自然而然会产生一种“寻寻觅觅”的心理，想寻找过去的痕迹，想抓住一点什么。结果是什么也找不到，有的，仍然只能是空虚和无助，词人这才如梦初醒，顿时感到“冷冷清清”。此时，长时间的寂寞、留在词人内心深处的悲哀与苦痛全部涌上心头，“凄凄惨惨戚戚”是最自然不过的内心表白。南宋文学批评家张端义在《贵耳集》中评价李清照的《声声慢》时，感慨全词起头的这十四个叠字用得好，说其“俱无斧凿痕”。这种“俱无斧凿痕”并不仅仅是对词人作词技巧的称颂，更多的是对其表达了难达之情的赞誉。“凄凄”叠字，是外在环境与人物心灵相接的关键，凄可以与冷、清相结合，也可以与惨、戚相结合，从而构成凄冷、凄清、凄惨、凄戚等，所以，由“冷冷清清”的环境到“惨惨戚戚”的心境，“凄凄”叠字用得最妙。从这个角度去看，这三句十四个叠字，实际上有三个层次，从“寻寻觅觅”到“冷冷清清”再到“凄凄惨惨戚戚”，逐层深入，文情并茂。

“乍暖还寒时候，最难将息”，这一句本应说由于心情不好，身体也不是太好，但词人却抛开境之冷清与心之惨戚不说，而把一切归于天气“乍暖还寒”。同样，“三杯”句也是如此，词人本应说自己借酒浇愁而愁难消除，但她偏偏不这样写，而只说淡酒不敌晚来急风。这种行文上的腾挪笔法很值得人们去揣摩。就文意来说，这四句显然是上文十四个叠字语意的延伸。“雁过也，正伤心，却是旧时相识”，雁是南飞的秋雁，正是从前在北方见到的，之所以说是“旧时相识”，是因为词人想借此表达自己浓重的思乡之情。在急风、淡酒、浓愁的情境中，一群大雁进入词人的视野，给冷清孤寂的词人带来的只能是更加黯然的心境，那“旧时相识”带给她的是旧时的信息，而岁月已然无情远去，抛下她一人在孤寂中打发冷清时日！因此，大雁让词人品到的是一种更加灰暗的心境。

总体来说，上片从一个人寻觅无着，写到借酒浇愁，又借南飞的雁阵，写更浓的包括思乡情怀在内的一种愁绪。

下片“满地黄花”三句，承接上片最后写到的秋日高空，转写自家庭院。黄花当初盛开时可以插在头上，而如今枯萎，满地堆积，再也无人摘取。这是明写花，而暗喻岁月流逝，人已衰老、憔悴。

“守着窗儿，独自怎生得黑”，写词人兀自坐着，无聊至极，天却有意不肯黑下来。这就把一个人百无聊赖、无所依傍的心情写得淋漓尽致。“梧桐”两句，承袭“守着窗儿”句，是说即使挨到黄昏又如何呢，秋雨梧桐只能更添愁绪。“细雨”的“点点滴滴”声只有在极其寂静的环境中“守着窗儿”才能听到，这种声音只能让词人更苦闷、更孤独、更凄凉。这些“点点滴滴”不是滴在耳里，而是滴在了心里和孤寂的灵魂里。所以，词人才说：“这次第，怎一个愁字了得！”词人在这里化繁为简，化多为少，把所有的凄苦，所有的孤独，所有的无奈，所有纷繁的、说不尽的思绪，用一句“怎一个愁字了得”代替。“愁”字之外到底还有怎样的心情呢？无法用言语说得清啊！这种戛然而止的写法，给读者留下阔大的想象空间，让人回味不已。

出自《高中语文必修上册教师用书》88—89页，有改动

联想记忆

“寻寻觅觅，冷冷清清，凄凄惨惨戚戚”：这句话很抽象，需要补出一个画面来帮助记忆，我想到的是寻人启事上放着放大镜，这样自然就能想到四处寻觅。秋叶落下，甚是冷清。可怜的服务员没有接到盘子，盘子摔在地上碎了，很是凄惨！

“乍暖还寒时候，最难将息”：衣服由薄到厚，又由厚到薄，换来换去，实在是让人难以入睡。

“三杯两盏淡酒，怎敌他晚来风急”：这一句画面感很强，三只杯、两只盏，盛满酒，怎奈愁太浓，感觉酒如此这般寡淡。这淡酒如何能够抵挡住窗外

刮来的晚来急风？

“雁过也，正伤心，却是旧时相识”：有一只大雁飞过，它的胸口中了一箭，痛啊！却依然问候着：“好久不见！”原来是当年的老朋友。

“满地黄花堆积，憔悴损，如今有谁堪摘”：你可以想象，菊花的花瓣落满地，名为“Who”的火柴人的手伸向那朵日益憔悴、枯萎得低下了头的黄花。

“守着窗儿，独自怎生得黑！梧桐更兼细雨，到黄昏、点点滴滴。这次第，怎一个愁字了得！”：一个火柴人在窗边守候，时光流逝，从白天到黑夜。太阳落山代表黄昏时分，雨慢慢落下，“啪嗒啪嗒”地拍打着梧桐树叶，更敲打着我的心。这番景象，怎是一个“愁”字就能诉说得尽的？

中心图

这次的中心图仍然是古风路线，清瘦的李清照坐在几案边，几案上摆放着纸、笔，还有几枝黄花，个人认为它比较能代表整首诗的意境。

主干

主干依然是上下阕两个，具体内容根据上文的联想记忆绘制。

默写时注意以下这些字，“三杯两盏淡酒”的“盏”，“如今有谁堪摘”的“摘”，“点点滴滴”的“滴”，“这次第”的“第”。

实战练习

接下来，我们再来练习一首难度稍大的词——辛弃疾的《永遇乐·京口北固亭怀古》。为什么说这首词难度较大呢？主要因为辛弃疾善用典故，他的词不容易理解，背诵起来自然会比较吃力。不要畏难，请先朗读三遍诗歌吧。

图4-2 《声声慢》背诵的思维导图

永遇乐·京口北固亭怀古

千古江山，英雄无觅，孙仲谋处。舞榭歌台，风流总被，雨打风吹去。斜阳草树，寻常巷陌，人道寄奴曾住。想当年，金戈铁马，气吞万里如虎。

元嘉草草，封狼居胥，赢得仓皇北顾。四十三年，望中犹记，烽火扬州路。可堪回首，佛狸祠下，一片神鸦社鼓。凭谁问：廉颇老矣，尚能饭否？

理解文本

此词是辛弃疾登临镇江北固亭所作，时为南宋开禧元年（1205年）秋。当时韩侂胄把持朝政权力，他企图用北伐中原来提高自己声誉。嘉泰三年（1203年），韩侂胄起用闲居的抗金派代表人物辛弃疾，先任命其为绍兴知府、浙东安抚使，次年调任镇江知府。镇江古名京口，素来是军事重镇，处于抗金前线。韩侂胄抗金的主张符合辛弃疾的一贯志愿，但是韩侂胄在军事上准备并不充分。辛弃疾对这种局面忧心忡忡，在登临北固亭时览景有感，就自然地倾吐出来了。

上片即景抒情，由景物联想起古代两位著名的英雄人物——孙权与刘裕，借吟咏他们的业绩对韩侂胄进行讽喻与劝诫。“千古江山……雨打风吹去”，叹英雄千古难再，帝王豪奢淫靡的生活经不起风雨的洗刷。“斜阳草树……气吞万里如虎”，回顾刘裕生平，揭示蓬门陋巷、低微出身并不妨碍英雄建功立业。

下片追述历史上的沉痛教训和亲身经历，表现出词人对韩侂胄等当权者轻敌冒进的担忧，强调了把握时机的重要性，倾吐自己壮志难酬的抑郁不平。“元嘉草草”三句，写刘义隆刚愎自用，好大喜功，冒失出兵，结果全军溃逃，落得仓皇北顾。词人直陈史实，寓议论于叙事之中。“四十三年……烽火扬州路”，词人由今忆昔。四十三年前，在战火弥漫的扬州以北地区参加抗金斗争的词人，率众渡淮南归，原本想依靠朝廷的力量恢复中原，没有想到南宋朝廷昏庸无能使他壮志难酬。“佛狸祠下，一片神鸦社鼓”说的是，长江北岸的佛狸祠，是北魏太武帝拓跋焘击败刘宋军队南下江北后建立的行宫，现在这里祭神赛会，香火不断。词人借此提醒人们不要忘记江北仍处在金人的铁蹄之下，不要忘记收复故土。

“凭谁问”到结束，用廉颇的故事表达了自己因为积极备战、不去逢迎权贵而不被重用的愤慨。其实，不仅是不被重用，写这首词的半年以后，辛弃疾就受到诬陷，先是降职，后又奉诏归铅山闲居终老。然而历史是无情的。南宋开禧三年（1207年）伐金失败，为了满足金人媾和要求，韩侂胄被杀以谢罪。事情的结果，证实了辛弃疾的预言。

出自《高中语文必修上册教师用书》第88页，有改动

联想记忆

我们通过谐音、增减倒字等让诗歌内容变得形象可感。

千古江山（1000根骨头插在江与山之间），英雄（鹰和熊）无觅孙仲谋处（没有办法看到孙仲谋，用火柴人表示）。舞榭歌台（一个高台上有一个小亭子，亭子旁边有一个火柴人在边跳边唱，代表着过去的辉煌与成就），风流总被雨打风吹去（写满风流的纸片被雨淋被风吹走）。

斜阳草树（太阳西下照映在草和树上），寻常巷陌（普通的巷道青石板路，简陋的环境并不影响英雄人物的诞生），人道寄奴曾住（是寄奴随先祖迁居到京口，世居在此，画一个房子表示这是他住的地方）。

想当年（问号之上飘出一朵云，当年是一番怎样的景象），金戈铁马（金色的戈，穿着铁甲的马，直接画出），气吞万里如虎（一个火柴人吸着一口气，而这口气恰好符合老虎的简笔形象，拉伸到10000里之外）。

元嘉草草（两棵草分别叫“元”和“嘉”，或者画一个圆和两棵草），封

狼居胥（狼居胥山上打上了封印），赢得仓皇北顾（冲过终点赢得了比赛，眼睛看着北边）。

四十三年，望中犹记，烽火扬州路（看到扬州路上的烽火台，想到了43）。

可堪回首（不能回头看啊），佛狸祠下，一片神鸦社鼓（在佛狸祠下，一只乌鸦衔着一根骨头）。

凭谁问：廉颇老矣，尚能饭否（谁会有疑问，长着长长胡须的火柴人，头上标着廉字，一碗热气腾腾的米饭一双筷子，一边是叹号一边是问号表示“尚能饭否”）。

中心图

中心图绘制了辛弃疾登上北固亭远眺的场景。

主干

主干依然按照上下两阕划分。将之前根据诗歌内容联想的画面绘成图像，再配上相应的颜色，就是一张全图型思维导图。这样比看文字有趣得多，也能很快地把诗歌内容记下来，而且还能印象深刻，不容易忘记。

因为背诵最终是为默写服务的，所以汉字一定不能出错。因此，我在原图的基础上加了文字，变成图文结合型思维导图。

默写的时候请注意下面这些字：“仓皇”二字，“望中犹记”的“犹”，“佛狸祠下”的“祠”。

直到现在，我还清楚地记得，当时梳理完《永遇乐·京口北固亭怀古》的文本，我把这张图展示在课堂上时，学生先是很惊讶：“这是什么？老师这还是语文课吗？”我很自信地告诉学生：“你们并没有看错，这就是语文课！只不过，今天我们借助这张图能够快速地把这首词背下来，你们信不信？敢不敢

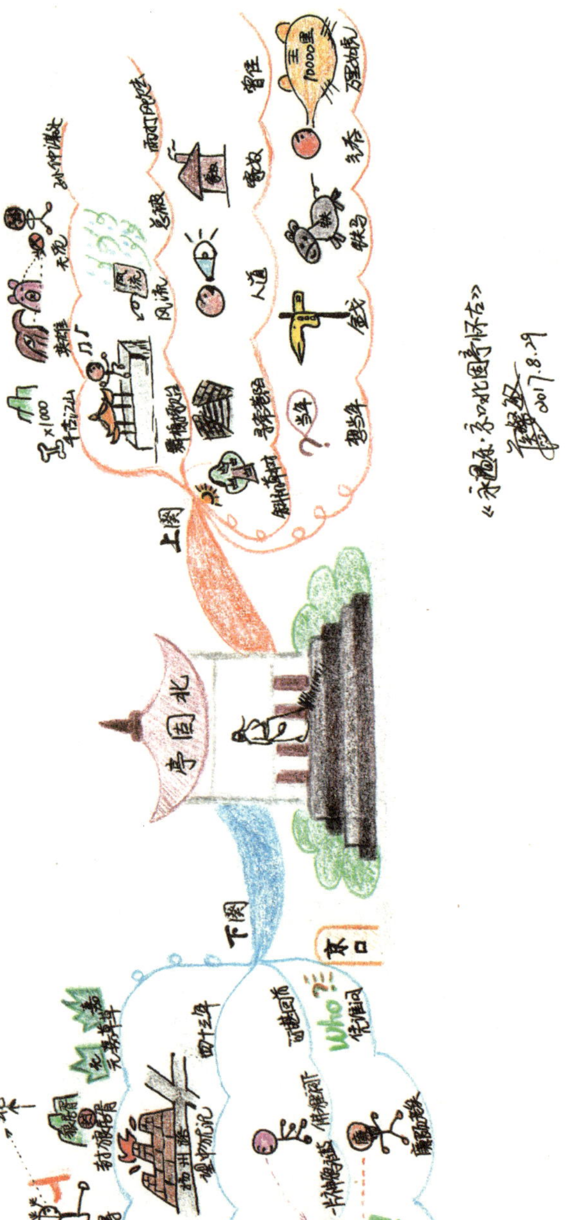

图4-3 《永遇乐·京口北固亭怀古》背诵的思维导图

来挑战一下？”学生们很疑惑：“怎么可能？”于是，我把整张思维导图为同学们解说了一遍，刚解说完就已经有同学举手表示自己已经基本背下来了。没几分钟，平时一提背诵就头疼的他们一改常态，争先恐后地背诵起来。

小试牛刀

试着绘制苏轼《念奴娇·赤壁怀古》的背诵版思维导图，背诵并默写这首词。

念奴娇·赤壁怀古

大江东去，浪淘尽，千古风流人物。故垒西边，人道是，三国周郎赤壁。乱石穿空，惊涛拍岸，卷起千堆雪。江山如画，一时多少豪杰。

遥想公瑾当年，小乔初嫁了，雄姿英发。羽扇纶巾，谈笑间，樯橹灰飞烟灭。故国神游，多情应笑我，早生华发。人生如梦，一尊还酹江月。

诗歌解读

“大江东去，浪淘尽，千古风流人物”，广阔的空间，悠远的时间，在如此宏大壮阔的背景之下，有多少英雄人物已被“淘尽”。“故垒西边，人道是，三国周郎赤壁”，今天我站在曾经赤壁之战的战场，那是三国时期周瑜大败曹操的地方。“乱石穿空，惊涛拍岸，卷起千堆雪”，嶙峋的怪石山崖是那样险峻、高耸，直插云霄。那汹涌澎湃的浪涛奋力地击打着岸边，卷起的浪花如雪一般洁白。如画的江山出现了多少个风流人物！

上阕重在写景，描绘赤壁壮阔的山水之景。下阕从眼前所见之实景转到追忆周瑜，“遥想”二字瞬间将你带回“公瑾当年”，那个时候的周瑜，年轻有为，小乔刚刚嫁给他，他们的婚姻幸福美满。“雄姿英发，羽扇纶巾”，好一个风流倜傥的儒将形象！赤壁之战中，他镇定自若，谈笑之间便让曹操的水军“灰飞烟灭”，这是何等的气魄！可今时今日站在此处的我呢？神游故国，却“早生华发”，空有满腔的抱负无处施展，人到中年却功业未就，应笑我多情啊！人生就如同梦一场，举起酒杯，用这酒来祭奠江与月吧！这是苏轼发自肺腑的感慨。

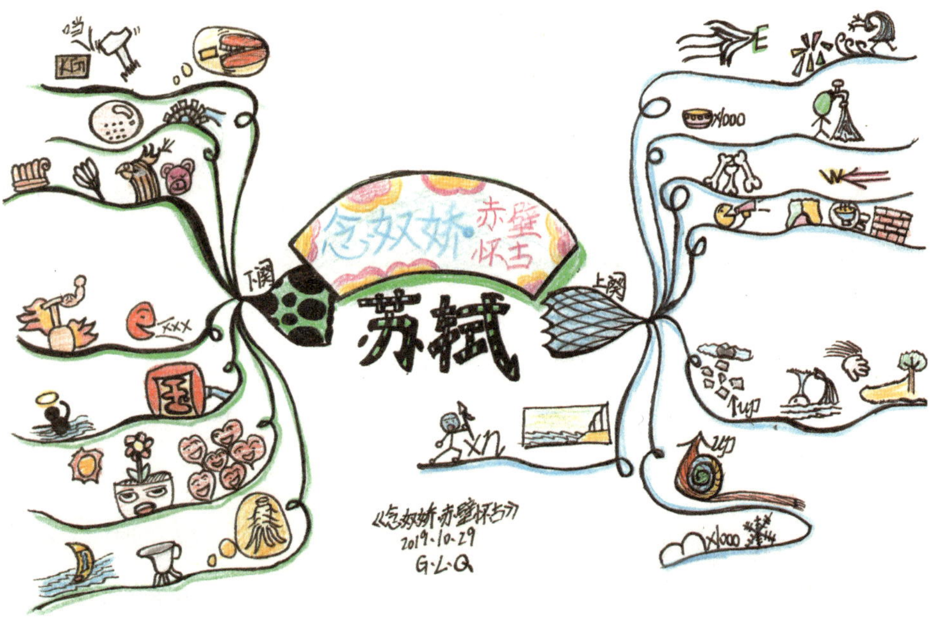

图4-4 《念奴娇 · 赤壁怀古》背诵的思维导图 郭朗秋绘制

梳理内部逻辑+思维导图，长篇诗文记得牢

实战练习

《梦游天姥吟留别》是“诗仙”李白的作品，也是高考的必背篇目之一。为了方便背诵记忆，我特意借助思维导图梳理了这首诗歌的内部逻辑。

梦游天姥吟留别

海客谈瀛洲，烟涛微茫信难求；越人语天姥，云霞明灭或可睹。天姥连天向天横，势拔五岳掩赤城。天台四万八千丈，对此欲倒东南倾。

我欲因之梦吴越，一夜飞度镜湖月。湖月照我影，送我至剡溪。谢公宿处今尚在，渌水荡漾清猿啼。脚著谢公屐，身登青云梯。半壁见海日，空中闻天鸡。千岩万转路不定，迷花倚石忽已暝。熊咆龙吟殷岩泉，栗深林兮惊层巅。云青青兮欲雨，水澹澹兮生烟。列缺霹雳，丘峦崩摧。洞天石扉，訇然中开。青冥浩荡不见底，日月照耀金银台。霓为衣兮风为马，云之君兮纷纷而来下。虎鼓瑟兮鸾回车，仙之人兮列如麻。忽魂悸以魄动，恍惊起而长嗟。惟觉时之枕席，失向来之烟霞。

世间行乐亦如此，古来万事东流水。别君去兮何时还？且放白鹿青崖间，须行即骑访名山。安能摧眉折腰事权贵，使我不得开心颜！

解题

《高中语文必修上册》第60页的课下注释中这样写道：“唐玄宗天宝三载（744年），李白在长安受到权贵的排挤，被放出京。第二年，他即将由东鲁（今山东一带）南游吴越，写了这首描绘梦中游历天姥山的诗，留给在东鲁的朋友，所以也题作《梦游天姥别东鲁诸公》。”

逻辑梳理

李白从“海客谈瀛洲”起笔，瀛洲是东海三座仙山之一，虽然经常被航海的人提起，但因海上波涛渺茫，实在“难求”；天姥山就不一样了，它就在江浙一带，有时“可睹”。天姥山山势很高，连着天，像把天空都遮住了，超过了五岳、赤城这些高山，就连那“四万八千丈”的天台都为之倾倒。这么神奇的地方，对于喜爱游历山川的李白来说自然不会错过，这也才有了后面游历梦境的过程，因此，这一部分他写的是“梦之因”。

第二段开头的过渡“我欲因之梦吴越，一夜飞度镜湖月”把我们带入“梦之境”。先从“飞度镜湖”起笔，湖月送我到了剡溪，这是谢公曾经住过的地方，看到渌水荡漾，听到清猿啼叫。

再到“游历山景”，作者穿着谢公屐登上了青云梯，爬到半山腰看到了海上升起的太阳，听到了天鸡的鸣叫，侧面写天姥山的高。他一路上被美景迷恋着，不知不觉天已经黑了。熊的怒吼声、龙的长吟声震荡着岩石和泉水，似乎深林都在战栗、山巅都感震惊。

最后到“闯入仙境”，天空中有黑沉沉的云，眼看着要下雨了，白白的烟雾在水波上升起。电闪雷鸣间山中一道石门“訇然中开”，走近一看，好一个仙府幻境：天空广袤无垠，日和月照耀着那金银筑成的楼台。仙人们以霓为衣，以风为马，飘然下凡。老虎弹瑟，鸾鸟驾车，一会儿工夫，仙人成群“列如麻”。

梦酣之时，“魂悸”“魄动”，猛然醒来长声叹息，眼前只有身边的枕席，刚刚梦里见到的那些烟雾云霞消失殆尽。由此过渡到了梦醒之后的慨叹——梦之叹：人世间的欢乐不就像这梦中的仙境一般虚幻吗？自古以来，世间的一切不就像东流水一般去而不返吗？再见了我的朋友们，什么时候才能回来？暂且把白鹿放在青崖之间，等到要走的时候骑着它去访名山。岂能卑躬屈膝去侍奉权贵，使我不能舒展笑颜呢！

这么一看，《梦游天姥吟留别》的内在逻辑性很强，借助思维导图可以更加清晰地呈现出来。

中心图

比较简单，直接用上了《梦游天姥吟留别》的主旨句，“安能摧眉折腰事权贵，使我不得开心颜”，简单明了。

主干

全图共有三个主干，完全按照以上梳理的逻辑，即梦之因、梦之境和梦之叹的结构画了出来。

有思维导图的助力，背诵就不是难事了。挑战一下自我吧！

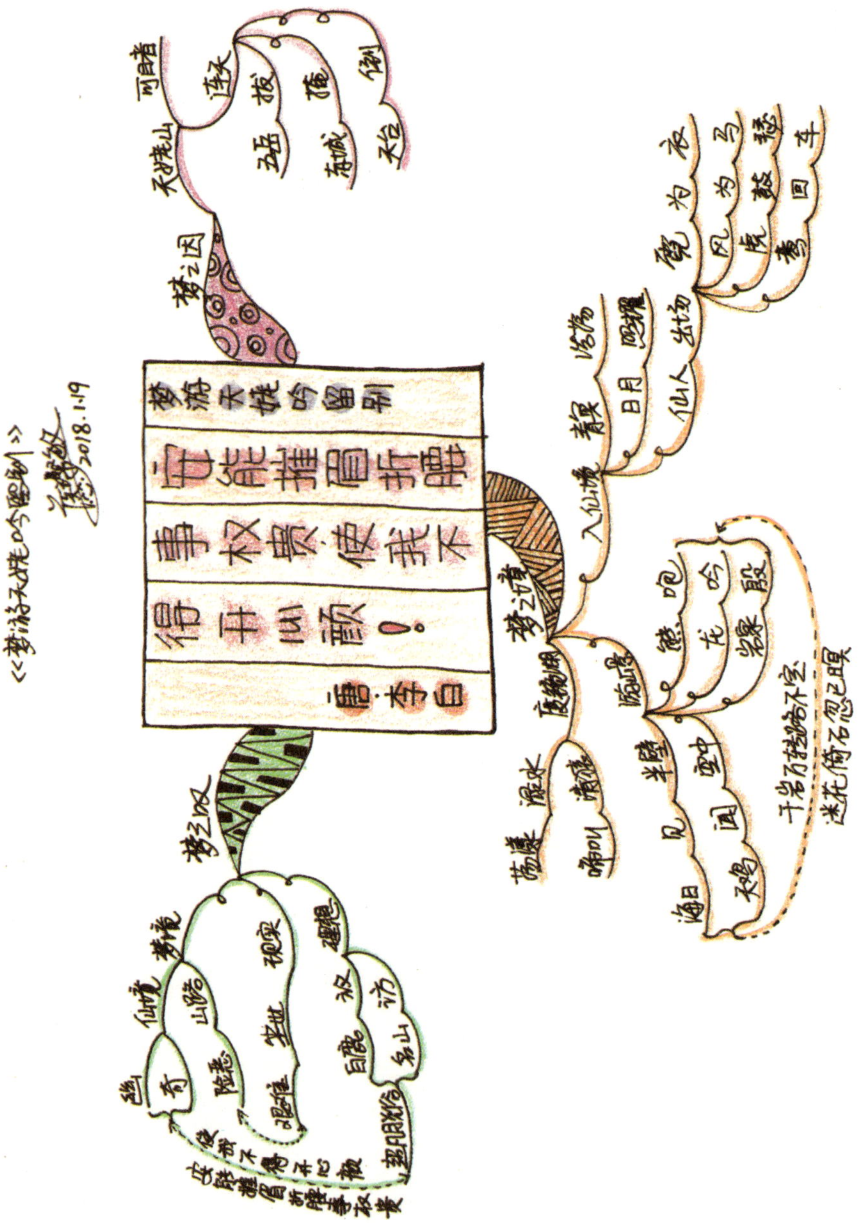

图4-5 《梦游天姥吟留别》背诵的思维导图

小试牛刀

试一试《归去来兮辞》（作者：陶渊明）的背诵吧！

归去来兮辞

归去来兮，田园将芜胡不归？既自以心为形役，奚惆怅而独悲？悟已往之不谏，知来者之可追。实迷途其未远，觉今是而昨非。舟遥遥以轻飏，风飘飘而吹衣。问征夫以前路，恨晨光之熹微。

乃瞻衡宇，载欣载奔。僮仆欢迎，稚子候门。三径就荒，松菊犹存。携幼入室，有酒盈樽。引壶觞以自酌，眄庭柯以怡颜。倚南窗以寄傲，审容膝之易安。园日涉以成趣，门虽设而常关。策扶老以流憩，时矫首而遐观。云无心以出岫，鸟倦飞而知还。景翳翳以将入，抚孤松而盘桓。

归去来兮，请息交以绝游。世与我而相违，复驾言兮焉求？悦亲戚之情话，乐琴书以消忧。农人告余以春及，将有事于西畴。或命巾车，或棹孤舟。既窈窕以寻壑，亦崎岖而经丘。木欣欣以向荣，泉涓涓而始流。善万物之得时，感吾生之行休。

已矣乎！寓形宇内复几时？曷不委心任去留？胡为乎遑遑欲何之？富贵非吾愿，帝乡不可期。怀良辰以孤往，或植杖而耘耔。登东皋以舒啸，临清流而赋诗。聊乘化以归尽，乐夫天命复奚疑！

以上两种方法是我的学生通过实践检验的，对课文的背诵是很有效的。但要注意，无论采用哪种方法，前提都是先朗读诗歌，然后准确地理解诗歌内容，这是最关键的一点。

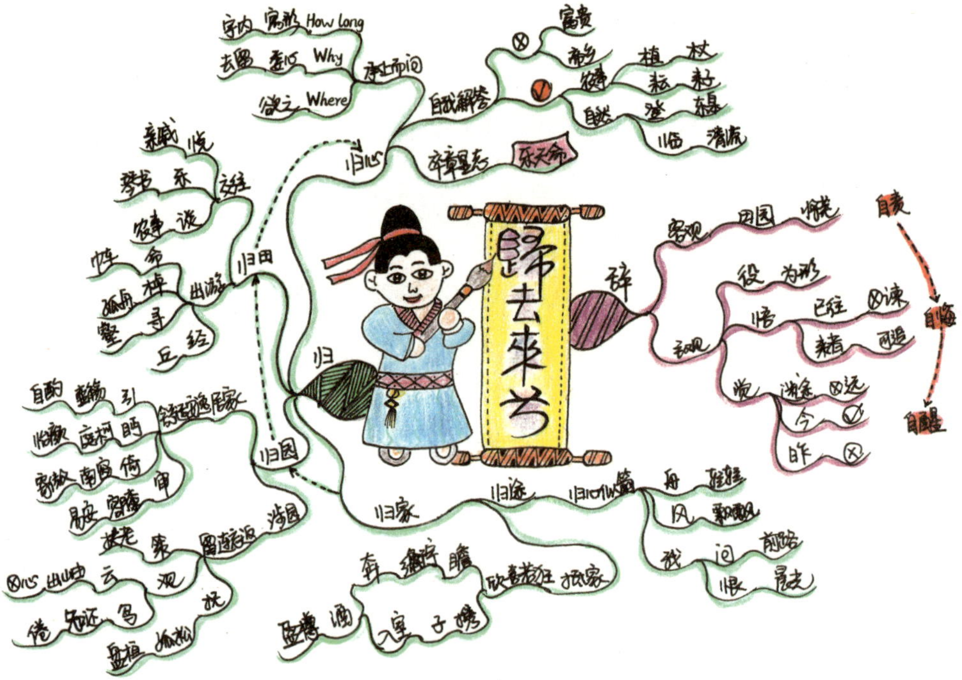

图4-6 《归去来兮辞》背诵思维导图

第五章

考试诊断可以这样精准（so precise）

如何进行自我考试诊断

你是不是习惯了试卷讲评课上通过听老师解说试卷的整体情况及其反映出的突出问题来查找自己的问题呢？你有没有想过，老师的试卷分析主要针对的是全班同学的共性问题，可能只解决了考试中的部分问题？对于每一位同学来说，光是解决试卷上反映出的共性问题是远远不够的，还应该解决个性问题，这样才能切实有效地提高学习成绩。

因此，每一次考试过后，要回看自己的试卷，还原考场，回忆自己的答题情况，比如，题目有没有答完？考试时间分配得怎么样？某道题为什么失分了？在答题时遇到了什么问题？然后分析自己考试扣分的原因，提出解决问题的办法（自己解决或者寻求老师的帮助），写出属于自己的试卷分析——我把它称为“考试诊断书”。

实战练习

考试诊断书听起来挺有意思，这个名字是我有一天突然灵感迸发想到的，学习思维导图之前，它长这样：

××考试诊断书

主治医生：

病症：

1.

2.

3.

……

病因：

1.

2.

3.

……

处方：

1.

2.

3.

在实践过程中，我发现，每次大考后认真做试卷分析，完成个性化考试诊断书的学生的成绩能稳步提升。在学了思维导图之后，我将两者结合起来，对着病症找病因，对着病因开药方，这样层次会更加清晰。因此，考试诊断书就升级了，我又把它叫作“考试诊断导图”。

以下是学生绘制的“考试诊断导图”：

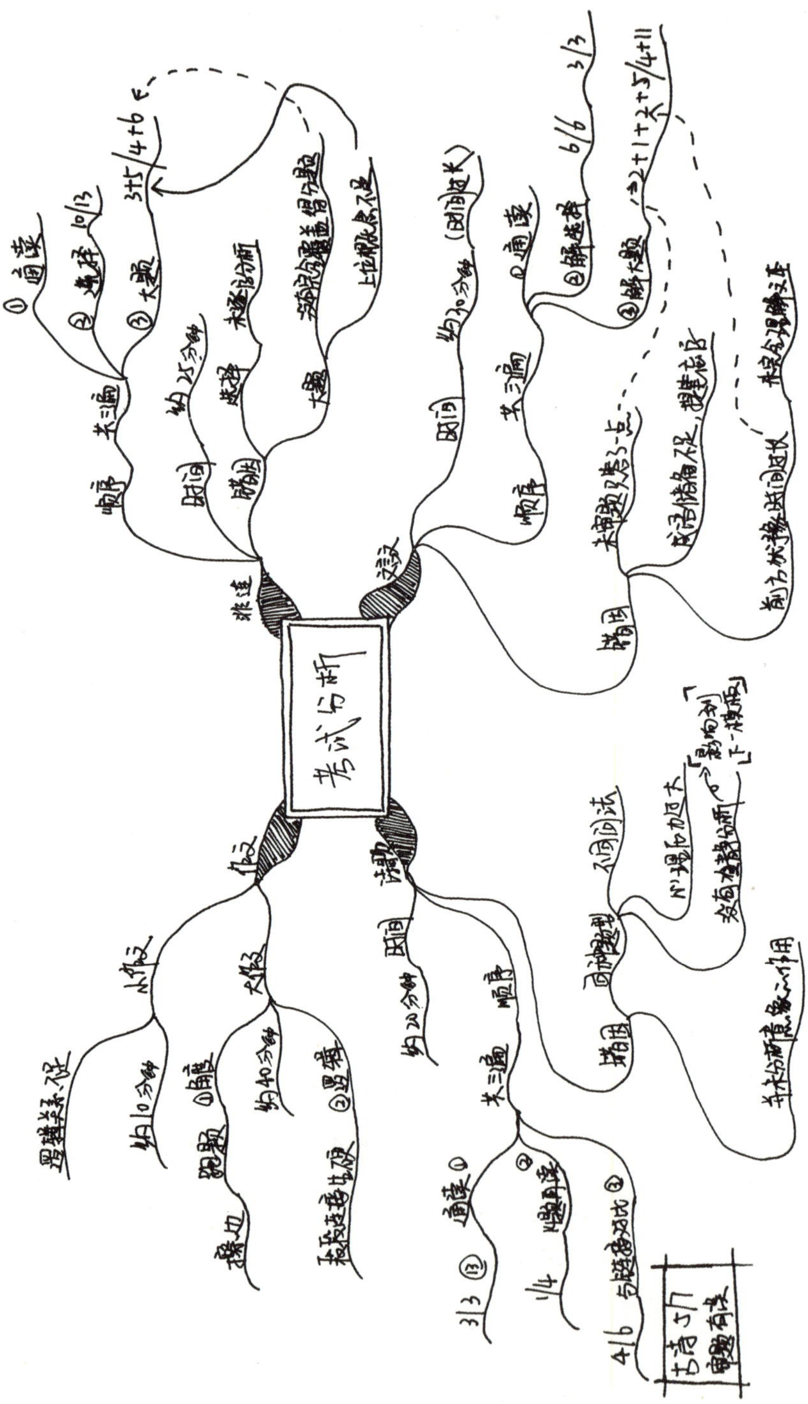

图5-1 考试诊断导图1 姚一然绘制

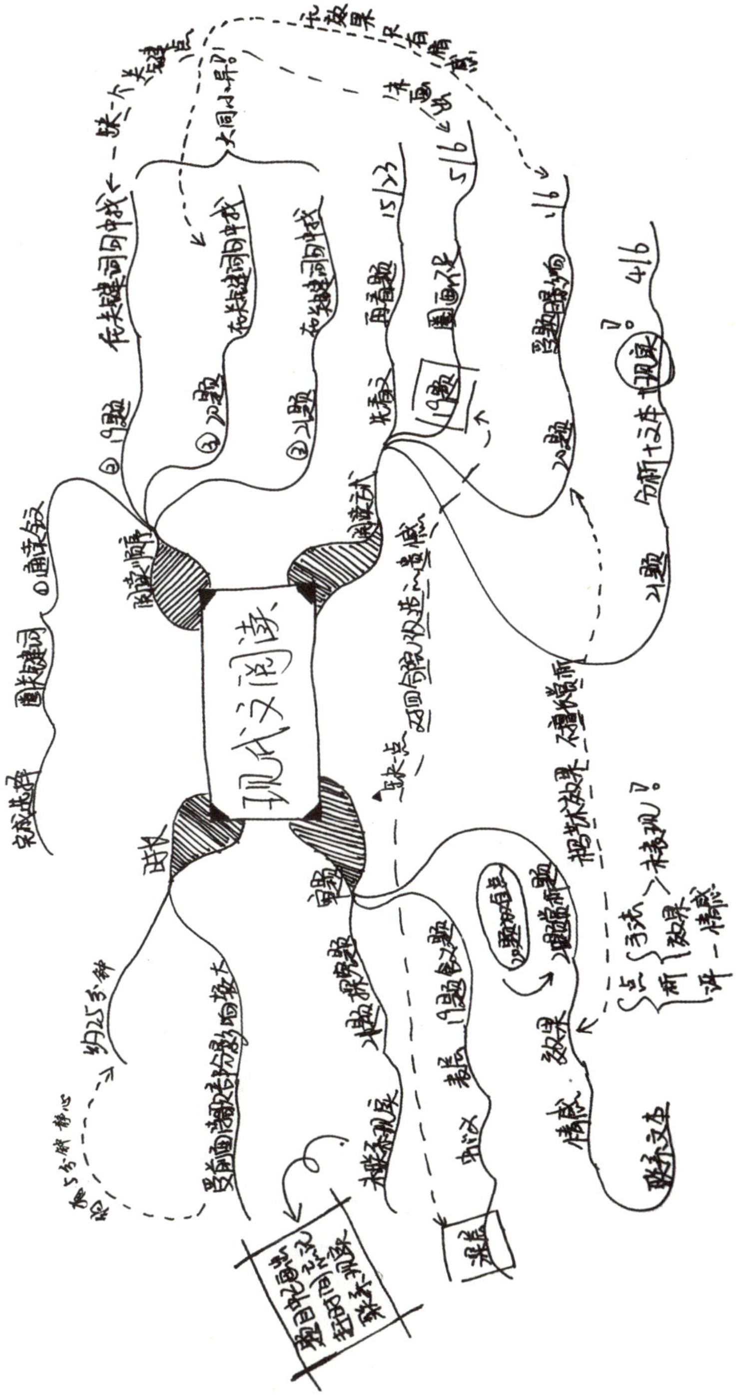

图5-2　考试诊断导图2　姚一然绘制

接下来，我就结合图5-1来教大家如何分析自己的考试试卷，做个性的诊断!

图5-1的思维导图绘制于高三的期中考试之后，众所周知，高三的时间非常紧张，需要争分夺秒，不可能在画图上花费太多时间。因此，这张思维导图遵循的就是实用的原则。它是一幅纯色的思维导图，画它只需要一张纸、一支黑色水笔。这幅思维导图的中心图主题突出，“考试分析”四个字便足够了。主干是按照试卷的结构——非连续文本阅读（图中简写成非连）、文言文、诗歌、作文、现代文（图5-2）五大板块来呈现。

每个主干之下，小作者分了三个角度：本板块答题所花费的时间，本板块的答题顺序和本板块的错因分析，同时还附上了每个板块的得分情况。值得肯定的是，她用虚线将思维导图的各个部分建立起了联系。比如，在做非连续文本阅读部分，因为答题时没有完全覆盖要点，造成满分为6分的主观题只得到4分；因为概念理解不到位，导致满分为5分的主观题只得到3分。再比如，诗歌鉴赏部分，因为心理压力过大，缺乏冷静分析，以致影响到下一个板块，也就是现代文阅读的答题。

关于现代文阅读的板块，她单独绘制了一张思维导图，并进行了详细的分析。其中有很多值得关注的细节：考试时，受前面诗歌部分影响，她花费大约5分钟的时间让自己冷静下来；针对每一道主观题给出了题型分析，找到了自己的问题所在；19题属于含义题，因在阅读过程中圈画关键句不全而漏掉了一个得分点；20题属于赏析题，因为自己不擅长这类题型，看到题就犯怵，顾不上圈画题目中的关键词和寻找突破口，甚至完全忘记了这类题答题时的思维模式，因此她在分析的时候写道，“受题目影响”，满分为6分的题只得了1分；21题是探究题，她已经在题目中圈出了关键词“联系现实”，但结果因为赶时间而把这部分漏掉了，白白失去了2分。

如果能够精准地还原考场情况，对自己的试卷进行细致的分析，还需要担心成绩难以提升吗？根据这种个性化的分析，学生自己和老师就可以对症下药，从而见到疗效。

很明显，这次考试暴露出来的问题在于心态的控制、时间的分配，还有鉴赏分析类题型的短板。因此，我给她开出的药方是心理建设、正面心理暗示。考前在心里默念“我相信我可以！”并做三次深呼吸；加强套卷练习，自主计时，记录每个板块的答题时间，从而调整答题速度，把握答题节奏；专项训练自己解鉴赏分析题的能力，整理近三年各区的诗歌鉴赏题，进行审题、拆分题干的练习。

在之后的考试中，她的成绩稳步提升。最后在高考中，在全区平均分略有下降的情况下，她的高考成绩不降反升，可以说，“考试诊断导图”对她的帮助非常大。

小试牛刀

拿出最近的考试卷，认真地做一次“考试诊断导图”吧，相信它一定可以帮助你梳理出自己的问题，帮你尽快地找到产生问题的原因，这样就可以寻求解决问题的办法，减少失误，不留遗憾。

第六章
你也能画出这样的思维导图

学习思维导图的三年里，我绘制了很多思维导图来辅助教学，这种方法也影响着部分学生。我们在绘制的过程中，不断精进，在众多思维导图中，我挑选了以下几幅，希望对大家的学习有一定的启发作用。

《荣国府里打秋风——刘姥姥》

图6–1是最新出炉的思维导图，是延期开学时用于线上辅导课的，内容是《红楼梦》第六回的思维导图，主要围绕“刘姥姥荣国府里打秋风”展开。

中心图

中心图自然是本回的主角——刘姥姥，采用类似剪影的方式，能够看出刘姥姥的几分神韵。

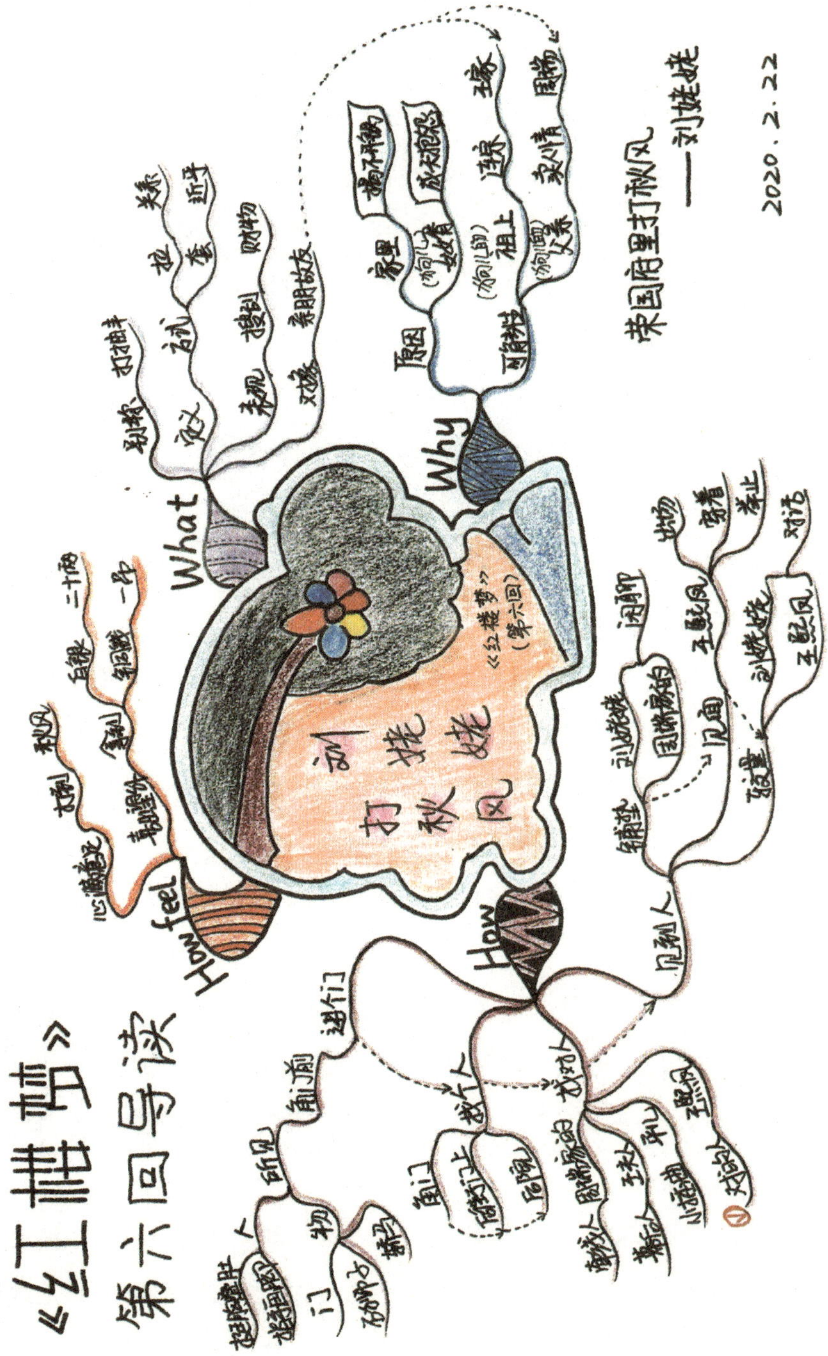

图6-1　《荣国府里打秋风——刘姥姥》思维导图

主干

这幅思维导图是为了配合我讲解《红楼梦》第六回的导读而准备的，备课时，我找出的关键人物就是刘姥姥，导读的关键词就是打秋风。于是我选择了“2W2H”（What、Why、How、How feel）来串联整个第六回的讲解。

What（什么是打秋风）：打秋风的别称是“打抽丰”，是指拉关系、套近乎，常表现为搜刮财物，对象一般是亲朋好友。

Why（为什么打秋风）：第一个方面是原因，刘姥姥家里已经揭不开锅了，女婿狗儿又成天在家抱怨，因此需要打秋风维持家里的生活。第二个方面是可能性，刘姥姥的女婿狗儿家祖上与显赫一时的王家连过宗，狗儿的父亲又给王家的仆人周瑞卖过人情，现在王家小姐是贾府的王夫人，周瑞家的是她的陪房，这就让打秋风成为可能。

How（如何打秋风）：打秋风本来就不容易，更何况是去贾府这样的名门望族，更是难上加难。所以就以“难”字作为关键词切入，进个门“难”，门口那些挺胸叠肚、指手画脚的人根本不理会刘姥姥，一副仗势欺人的奴才嘴脸；找个人“难”，角门前等了半日没人理睬，后来得一老者指点来到了后街门上，再后来一孩童领着到了后院，这才真的见到了周瑞家的；找对人“难”，周瑞家的是牵线人，王夫人是幕后人，平儿是小插曲，王熙凤才是对的人；但王熙凤可是个大忙人，每天只有吃饭的时候才有“空儿”，不是想见就能见的，因此见到人“难”。这个部分先由周瑞家的和刘姥姥对话引出来，为后文做铺垫，然后正面写王熙凤的出场、穿着、举止，以及王熙凤和刘姥姥两个“人精”的“较量”。

How feel（感觉如何）：打秋风如此之难，刘姥姥几经波折最终还是“打”到了。因此，她喜出望外地拿着二十两白银和一吊铜钱欢天喜地地回家了。

《李白年谱》

图6–2用于李白诗歌专题的第一课，让学生对李白有一个更全面的认识，让他们看到，一幅思维导图是可以包含很多内容的。

中心图

图中间是酣饮之后附在酒坛上熟睡的李白，白衫飘逸，再配上两个大酒坛，很有“诗仙”的感觉。

主干

要绘制《李白年谱》的思维导图，首先要了解李白的一生，我根据康震先生在《百家讲坛》中讲的李白专题梳理出了李白的生平经历。我选择了经历、理想、成就和作品四个角度为主干。

李白一生经历了几个重要阶段：少年壮志、辞亲远游、供奉翰林、赐金放还、应邀入幕、最后的惨淡结局。

你一定没想到李白的人生理想是当宰相、做帝师吧，他是有着“申管晏之谈，谋帝王之术”这种政治抱负的青年。

图6-2 《李白年谱》思维导图

关于他的成就，大家最熟悉的自然是诗歌，这部分内容在思维导图中也最多。殊不知，李白除了诗歌，在词赋、书法和剑术方面都有所建树；除了“诗仙”的称号之外，他还有“词王”的雅号。更有意思的是，李白喜欢行侠仗义，他的剑术全唐排名第二，其诗中表现出的雄浑飘逸的风格恐怕也与这一点有关系吧。

李白的作品主要是绝句、乐府诗和歌行体三种体裁，其作品很多，但受思维导图布局的限制，我只选取了学生耳熟能详的几首作为代表，余下的就只有自己通过阅读积累了。

《庖丁解牛》

《庖丁解牛》出自《庄子·养生主》。还记得第一次教这篇文章的时候，我给学生讲了“解”字，所以再讲它时，我就绘制了这幅思维导图（图6–3）。

中心图

中心图直接使用“解”字的甲骨文，并进行了夸张。“解”是会意字，字的上半部分的左右两边表示一双手，中间则表示一头牛，凸显牛角。整个上半部分像两手在割牛角或拔牛角的样子，表示解剖、宰杀牛，“庖丁解牛”就使用了这一意义。

主干

按照文章内容，主干分为解牛之美、解牛之理、解牛之悟三个层次。

解牛之美：庖丁是如何解牛的呢？和谐的肢体——绝妙配合；流畅的动作——手—触、肩—倚、足—履、膝—踦；美妙的声音——砉然、騞然，合“《桑林》之舞”，中“《经首》之会”。这是真正的美，文惠君不由得感叹：“善哉！”

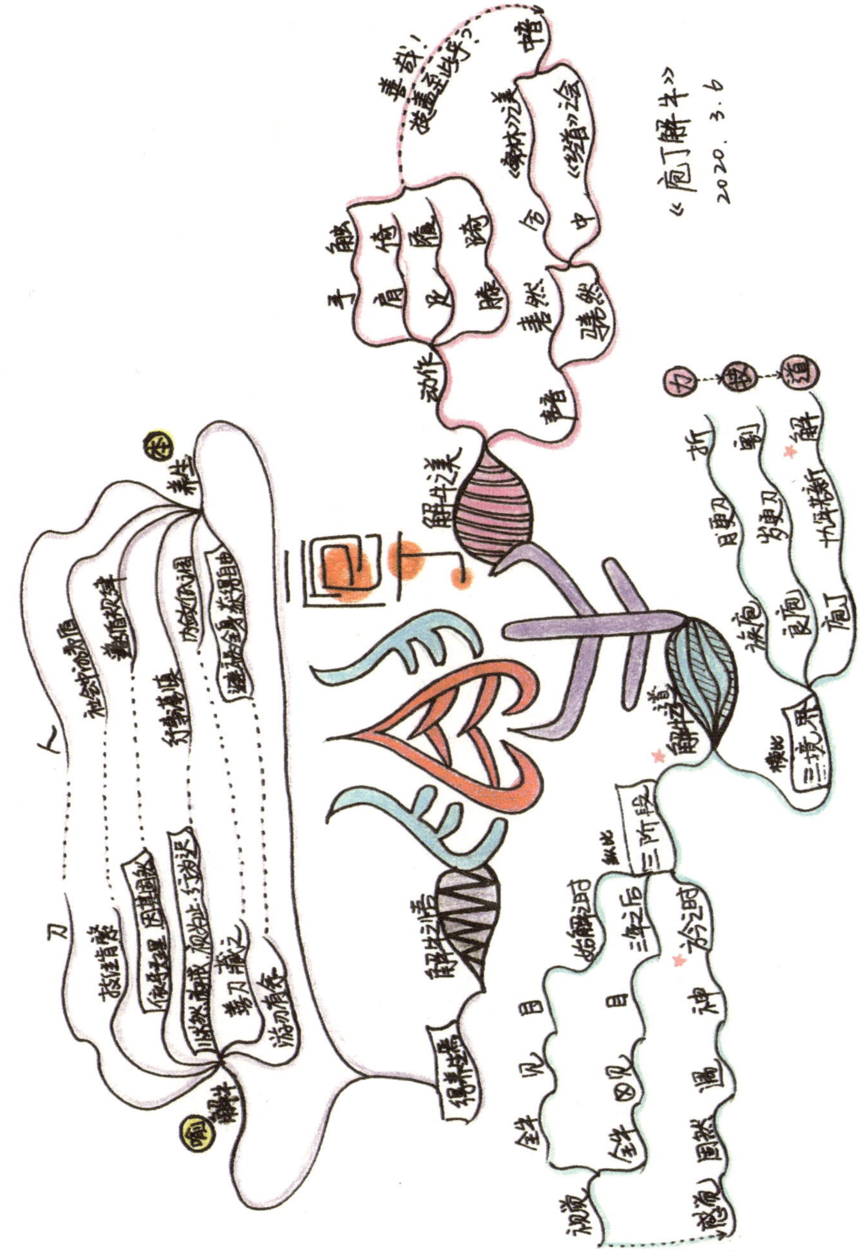

图6-3　《庖丁解牛》思维导图

解牛之道：解牛是一项技术活，但是到了庖丁那里，解牛就不仅仅是技术活了，还上升到了“道”的层面，这不是短时间内就能练就的。在始解之时，庖丁眼里看到的“无非全牛”，三年之后，庖丁开始“目无全牛”，这是站在视觉的角度；方今之时已经是“神遇固然”，这是站在感觉的角度。他从一开始不懂规律，到认识规律再到最后运用规律，做到了游刃有余，这就是一代名庖成长的三个阶段，在内容上，是有一个纵向比较的。

同时，庖丁也告诉了我们人才的三个境界，族庖每月要换刀，因为他“折也”，这是他只关注“力”的结果；良庖每年要换刀，因为他“割也”，这是他懂得了“技”，强调的是熟能生巧；而庖丁用刀十九年，刀刃还跟新的一样，因为他是在“解”牛，在不断地练习的过程中，庖丁掌握了解牛的规律，他遵循这个规律来解牛，达到了“道”的层面。力、割、道，这是横向的比较。

解牛之悟：听了庖丁的讲述，文惠公直言“得养生焉”。那么，养生与解牛有什么关系呢？以刀喻人，“技经肯綮”喻社会中的矛盾，“因其固然”喻要遵循规律，“视为止，行为迟”喻做事情要小心谨慎，“善刀而藏之”喻凡事要低调，收敛锋芒，而“游刃有余”则比喻避开祸患保全自身，从而获得自由。

《阿房宫赋》

关于《阿房宫赋》，我绘制了两幅思维导图，两幅图互相补充，相得益彰。

中心图

中心图是古风外框加上艺术字体“阿房宫赋”，两者搭配，分外和谐。

主干

图6–4从体裁、内容、手法和比读四个方面来介绍《阿房宫赋》。

体裁：它是一篇赋。赋这种文体一般会“铺采摛文，体物写志”，即铺陈文采、描摹事物、抒写作者的情与志。

内容：正好对应铺陈，由外而内地描写了阿房宫建筑之奇、宫女之众、珍宝之富；议论“一人之心，千万人之心”“后人哀之而不鉴之”。

手法：一是托物言志，二是借古讽今。六国灭亡，秦统一天下，可是“秦爱纷奢”，最终也走向灭亡。唐哀而不鉴，因此，作者撰写此文告诫统治者不要重蹈覆辙。比读的部分链接了一个表格，从立论角度、写作手法、文体特点

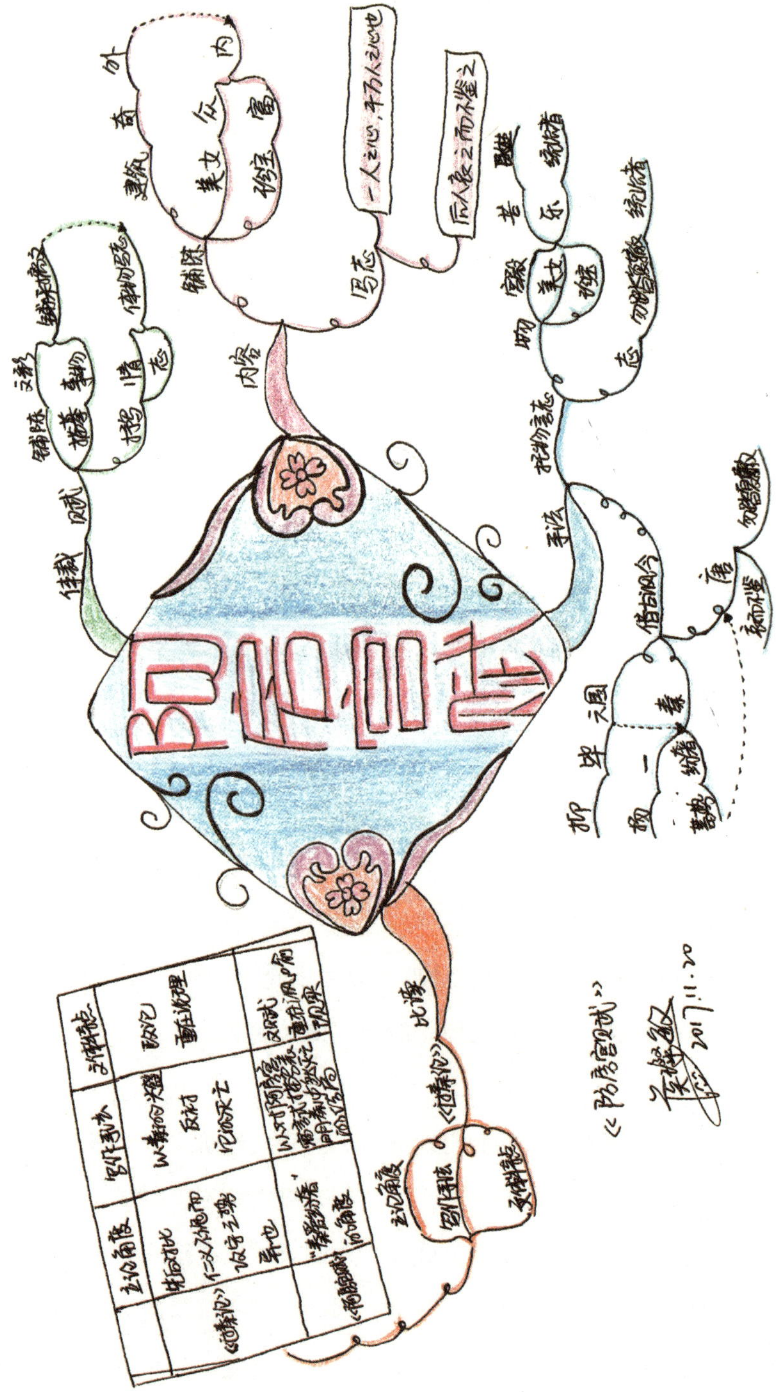

图6-4 《阿房宫赋》思维导图1

图6-5　《阿房宫赋》思维导图2

三个角度与《过秦论》做比较。

图6-5则是纯文本分析，根据文章内容分为三个主干：叙、议、谏。

叙：叙述了建筑、宫人、珍宝等细节。建造阿房宫的大背景是秦灭六国，统一天下。建筑的规模从整体的概说到局部的细描，从面到点，呈现出阿房宫宏伟、雄奇的特点，这是文章第一段的内容；再看宫人，她们来源广泛，生活空虚、奢靡，命运悲惨，特点是众多，这是第二段的内容；最后作者写到了“珍宝”，那都是从六国剽窃而来的，秦却对它们不加珍惜，“弃掷逦迤”，这便是文章第三段的内容。

议：这部分分析秦灭亡的原因、具体表现以及最终结果。

谏：总结了六国和秦灭亡的原因，警示当朝戒掉奢靡，爱护百姓。

当文章有重要内容需要突出强调时，可以考虑单独绘制一幅思维导图作为补充。

《子路、曾皙、冉有、公西华侍坐》

图6–6是用于梳理《子路、曾皙、冉有、公西华侍坐》的结构层次的。

中心图

我绘制了一个卡通的孔子形象，图中的孔子飘逸的眉毛和胡须尽显智者风范，他似乎在静静地倾听弟子们诉说自己的志向。

主干

主干由孔夫子的胡须延伸而来。一边是概说，概说是对《论语》这本书和文中涉及的人物的简单介绍；另一边是结构，可分为三个部分：问志、言志、评志。

问志：孔子非常和蔼可亲，平易近人，就像“拉家常”一样让弟子们说说各自的志向，不要因为他年长一些就不敢说，解除了弟子们心中的疑虑，并且启发他们：“如果有人了解你，你会怎么做呢？”

言志：

1.子路的志向是治理被侵略又遭受饥荒的千乘之国，保证老百姓在三年之内能够英勇作战，懂得为人的道理。由此可以看出子路的那种自信，而“率尔”二字又让他轻率的样子跃然纸上。

2.冉有希望治理一个方圆六七十里或者五六十里的小国，在三年之内让老百姓富足起来。他觉得自己能力有限，对于礼乐教化这类事情需要等待修养更好的“君子”，由此可以看出他的性格是谦逊、谨慎的。

3.公西华的志向则是担任主持祭祀、会盟的小相，重视国家的礼乐教化，是一位谦逊有礼的君子。

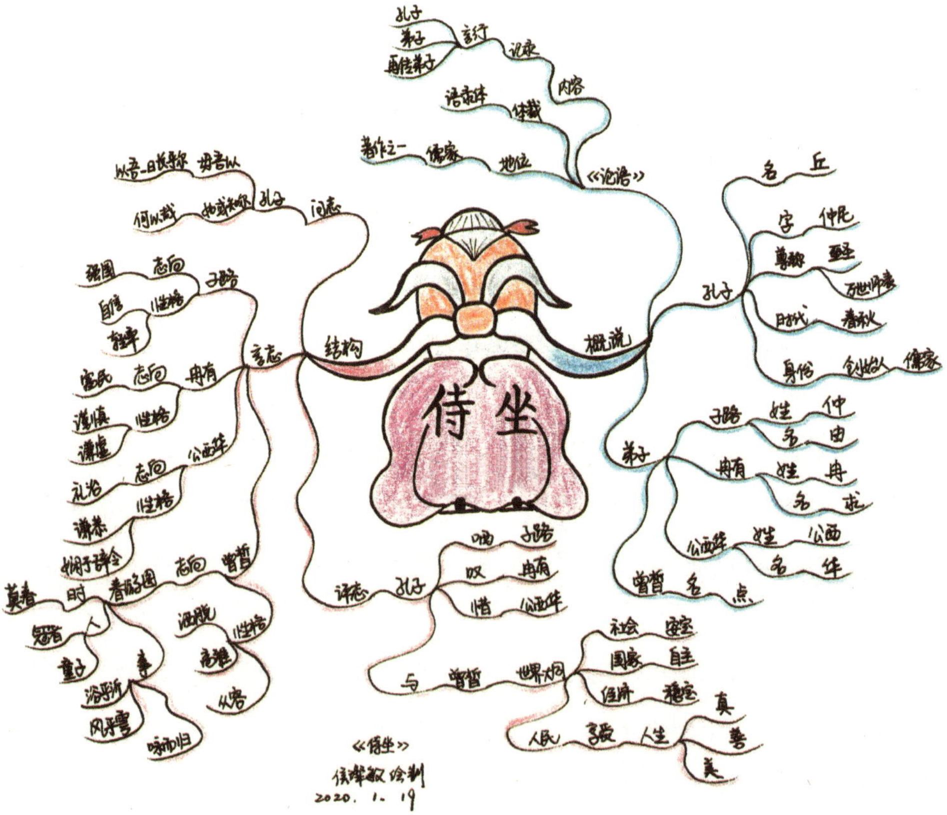

图6-6 《子路、曾皙、冉有、公西华侍坐》思维导图

4.曾皙的志向“异乎三子者之撰”，他只是想着暮春时节，脱下冬衣，穿上春衣，和一些成人、少年在沂水洗洗澡，在舞雩台上吹吹风，唱着歌回家，这是多么美好惬意的画面啊！文中也有对曾皙的动作描写，听到老师的问话，他“鼓瑟希，舍瑟而作”，从容淡定，又不由得让人觉得他洒脱高雅。

评志：听完四位弟子的志向，孔子表现出不同的态度。与曾皙，因为孔子主张仁政、礼治，追求世界大同，而曾皙的暮春图就是社会安定、天下太平下才会有的状态；哂子路，过于鲁莽；叹冉有，讲的都是国家大事，只是态度比较谦虚；惜公西华，通晓礼乐却只做小相，大材小用。

《书愤》

《书愤》是陆游写的一首具有代表性的七律。图6–7的思维导图是我在课后画的，用于回顾整首诗的内容，非常适合复习。

中心图

中间为陆游的画像，再在其周围加上虚实线结合的外框。

主干

这是诗歌分析的另一种模型，主干分为解题、赏析和比较。这种分类方法符合诗歌鉴赏的层级要求。读诗先从诗歌的题目开始，阅读题目可以了解诗歌的主要内容；然后对诗歌进行赏析；最后是比较鉴赏，现在诗歌鉴赏题很多都采用比较鉴赏的形式，在日常教学中就让学生学会如何比较两首诗歌，为学生提供比较的角度。

解题："书愤"中的"书"是书写之意；"愤"是愤慨，也就是说，这首诗是陆游在书写自己内心的愤慨。

赏析：首联写出了陆游收复中原的志向，情感是豪迈的；颔联将"楼船"

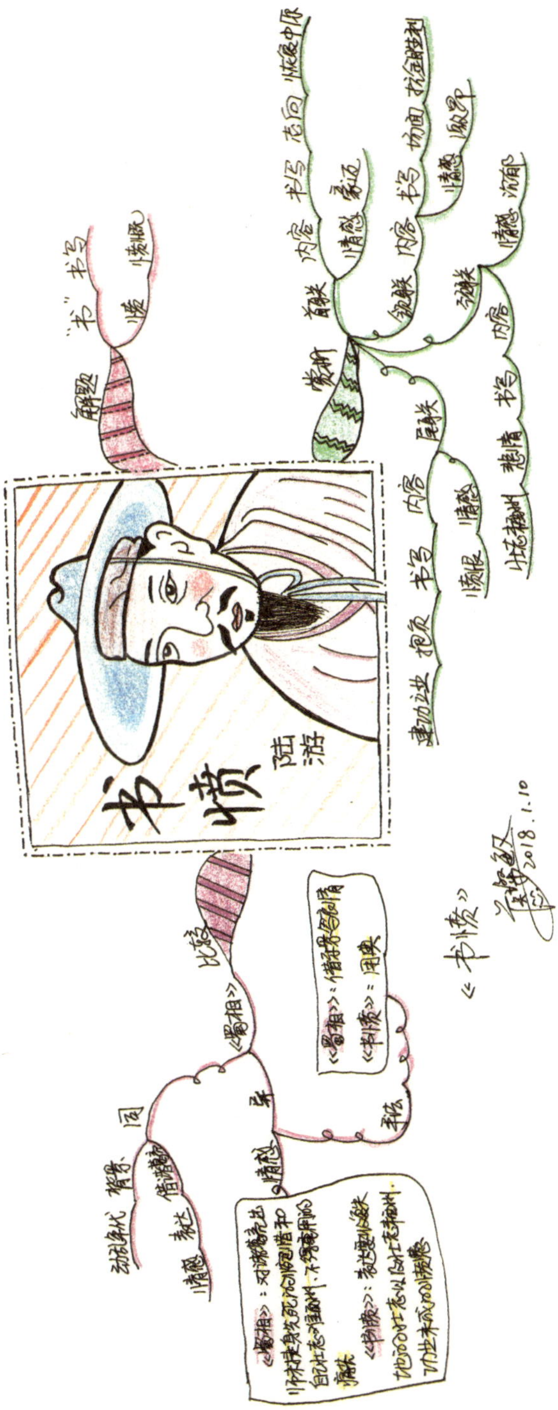

图6-7　《书愤》思维导图

与“夜雪”、“铁马”与“秋风”的意象组合，描绘了抗金胜利的壮阔场面，情绪是激昂的；在颈联中，如今“塞上长城”也只能“空自许”，年少时捍卫国家、扬威边地、舍我其谁的磅礴大气，如今已变成壮志未酬的苦闷，这全集于一个“空”字，能感受到其与前两联的明显不同，这是诗人在抒发壮志难酬的悲情，是“转”的部分，心情是郁闷的；尾联呼应首联，书写自己建功立业的抱负，内心充满着愤恨。

比较：与杜甫的《蜀相》做比较，相同的是背景，都是在动乱年代创作的；内容都是借诸葛亮表达情感。不同的是情感的类型，《蜀相》表达的是对诸葛亮“出师未捷身先死”的惋惜和自己壮志难酬、不得重用的痛苦；《书愤》要表达的则是自己想收复失地的雄心壮志以及壮志难酬的愤懑。另外，在写作手法上，《蜀相》是借乐景来写哀情，“映阶碧草”却是“自春色”，“隔夜黄鹂”却是“空好音”；《书愤》则使用了用典的手法，“塞上长城”一句中，诗人用刘宋名将檀道济的典故来明志。

比较的具体内容完全可以链接到表格或者以其他形式进行拓展，这也是“思维导图+”理念的一种体现。

《国殇》

《国殇》是战国时期楚国诗人屈原的作品，是追悼楚国阵亡士卒的挽诗。“殇”在这里是指死难的人，“国殇”指的是为国捐躯的人。因此，整幅思维导图（图6–8）我选用了黑色与红色进行搭配。

中心图

我上网搜索了“国殇”二字的写法，写法有很多，最后我选了一款自认为写得最潇洒又最好模仿的字体作为中心图，并在旁边以屈原的“印章”标明作者。

主干

相对来说这幅图的主干比较简单，屈原的这篇文章实际要突出的只有两个点：一是叙述楚国将士奋死抗敌的壮烈场面，二是赞美勇士们的英雄气概和爱国精神。因此我决定从“叙”和“赞”两个角度来分析，这也成了这幅思维导图的两个主干。

叙：文章的第一小节描述了披挂出发—敌我相遇—奋力死战—为国捐躯的

过程。楚国的将士们手持产自吴地的锋利无比的戈，身披犀牛皮做的铠甲上阵。敌我相遇，战车交错，短兵相接。旌旗遮蔽天空，敌人如云般涌入，尽管飞箭纷纷坠落在阵前，但将士们奋勇抗敌，唯恐自己落在后面。骖马伤，车轮陷，四马绊，（主帅）捶响隆隆战鼓给将士们鼓劲。激烈的厮杀惊动了天象，就连上天都被震怒了。在残酷的战争中，将士们为国捐躯，他们的尸骨被弃在旷野之上。

赞：将士们抱着视死如归的信念冲锋陷阵，即使“首身离”，依然雄心不屈。始终刚强坚毅，不可凌辱。生，他们是人杰；死，他们亦为鬼雄。他们的浩然之气长存天地间。

思维导图的颜色“由心而发”，完全可以根据主题来选择，这样才能吸引人。这时，我认为可以不受中心图必须满足三种以上颜色的规则的约束。

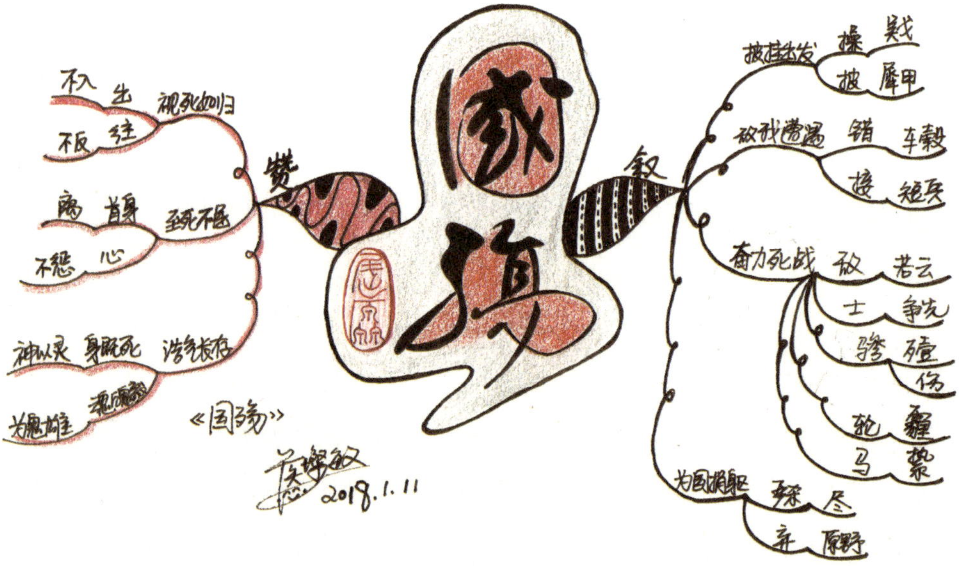

图6-8 《国殇》思维导图

《卡西莫多的一生》

《卡西莫多的一生》这幅思维导图是我与学生一起阅读《巴黎圣母院》，梳理完相关内容之后绘制的，它用在了《巴黎圣母院》整本书阅读的导读课——《人性与兽性的交织——卡西莫多的性格分析》上。

中心图

卡通的卡西莫多，手里托着一个陶罐，罐里插着一朵花，花上有一滴“雨露”。这时的卡西莫多是面带微笑的，他内心深处的人性正在觉醒，所以整张图配色用了比较清新的色调。

主干

学生在阅读《巴黎圣母院》的过程中，我布置了一项作业，梳理一下卡西莫多的一生，大家绘制了各式各样的思维导图。这幅图是从卡西莫多的身份变化的角度来梳理的，所以主干是弃婴、钟楼怪人、愚人王、罪犯、勇士、守护者和殉情人，一共七个主干，符合“魔力之七”原则。

弃婴：卡西莫多被遗弃在木榻上，之后被克洛德收养；

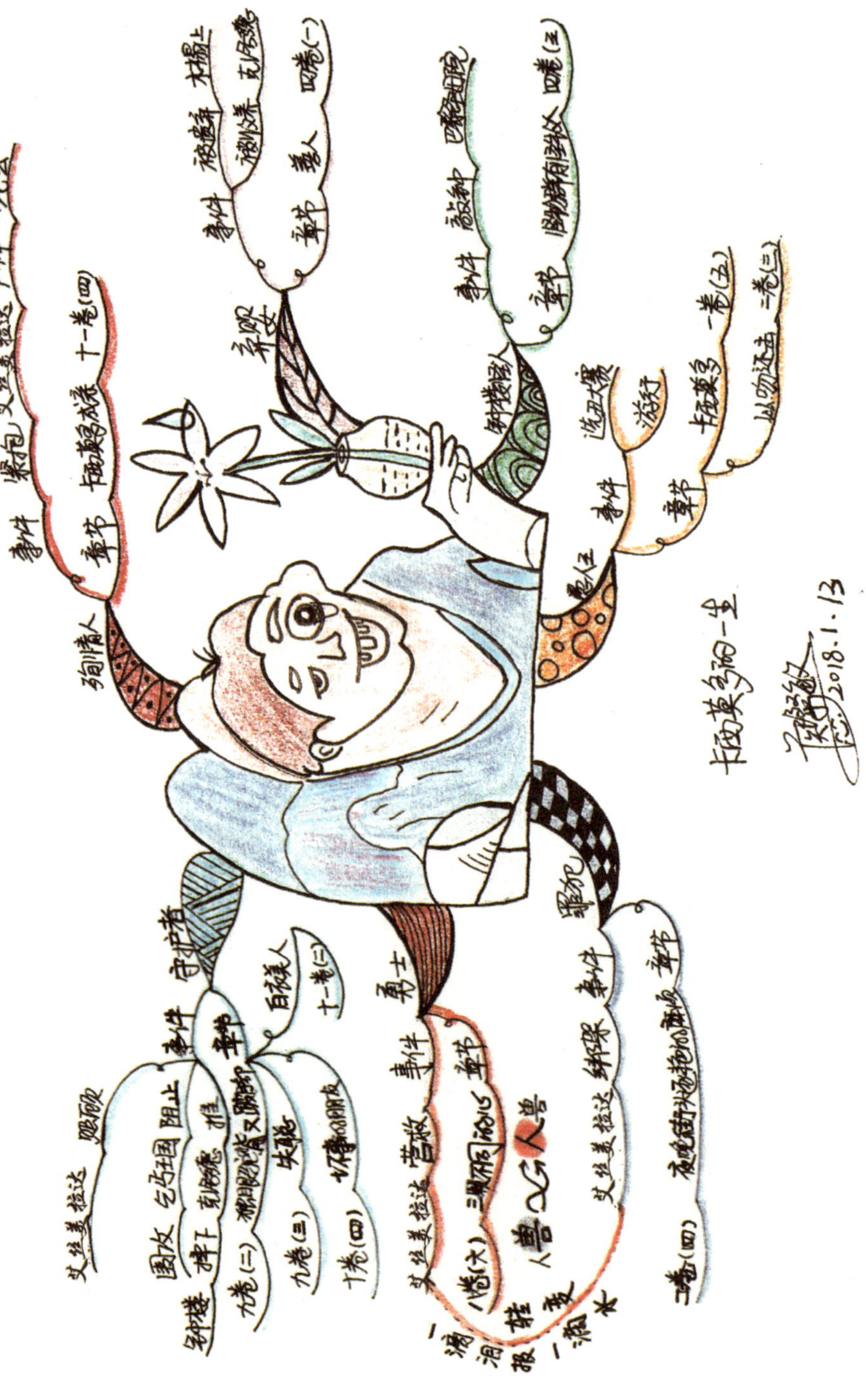

图6-9 《卡西莫多的一生》的思维导图

钟楼怪人：克洛德是巴黎圣母院的主教，因此，卡西莫多就在巴黎圣母院中慢慢长大。他每天与钟为伴，又因长得实在难看，人们叫他“钟楼怪人”。

愚人王：在一年一度的选丑大赛上，卡西莫多被选为“愚人王”，在众人的簇拥之下游行。

罪犯：奉克洛德之命绑架了艾丝美拉达，艾丝美拉达是书中的女主人公，一个非常漂亮的吉卜赛女郎。

勇士：因绑架艾丝美拉达被送上刑场，在他大喊口渴的时候，艾丝美拉达给他喂了水，卡西莫多留下了人生第一滴眼泪，内心的人性开始觉醒。在艾丝美拉达被指控使用巫术刺伤了弗比斯而判处绞刑时，卡西莫多从钟楼飞身而下，把她解救到教堂里，成了勇士。

守护者：艾丝美拉达在教堂的日子，卡西莫多一直在暗暗地细心照顾她；他凭一己之力抵挡了乞丐王国的进攻；艾丝美拉达最终因为克洛德被处以死刑，卡西莫多愤怒地将克洛德推下了钟楼。

殉情人：卡西莫多从刑场抱着艾丝美拉达的尸体遁入了墓地；几年后，人们发现了他们在一起的遗骸，他紧紧抱着心爱的艾丝美拉达，他终于与自己心爱的人在一起了。

《永遇乐 · 京口北固亭怀古》

这幅思维导图是刘嘉奇同学在背诵这首词的时候画的用于记忆的思维导图。

中心图

中心图很简单，一目了然，即这首词的题目。

主干

主干是根据词的上下阕来分的。

上阕：千古（1000个鼓）江山（江水和青山），英（鹰）雄（熊）无觅（问号）孙仲谋处（孙权卡通头像）。舞榭（5只螃蟹）歌台（台子上有话筒），风流（风6）总被雨打风吹去（画出下雨刮风的场景）。斜阳（鞋子和羊）草树（草和树），寻常巷陌，人道寄奴曾住（画了一所属于寄奴的房子）。金戈（金色的戈，注明了化学元素Au，即金）铁马（化学元素Fe，即铁），气吞万里如虎（画了一只可爱的老虎）。

下阕：元嘉草草（一个粉色圆圈，一个加号，两棵青草，很有创意，简单易记），封狼居胥（“狼居胥山”贴封条），赢得仓皇北顾（用英文单词来替代也是个很好的选择，一个奔跑的小火柴人看着北方）。四十三年（画成一个牌子），望中犹记（忘了写“中”字），烽火扬州路（风、火、扬州路）。可堪回首，佛狸祠下，一片神鸦社鼓（乌鸦和小鼓）。凭谁问，廉颇老矣，尚能饭否（火柴人表示廉颇，“old”代替老，满满一碗大米饭还能吃得下吗）？

图6-10　《永遇乐·京口北固亭怀古》思维导图　刘嘉奇绘制

点评

从“颜值担当”的角度看：

闪光点： 主干有颜色的区分；

整幅图布局很好；

利用小插图展开联想，颜色丰富。

提升点： 中心图可以再画大一些，可以给边框增添一点花样；

小插图的尺寸可以缩小一点；

分支的层次不是很清晰；

线条可以画得更流畅一些；

“上阕”“下阕”应该写在主干之上。

从“实力担当”的角度来看：

闪光点： 因为是用来背诵记忆的思维导图，所以基本用小插图来表示；

主干根据诗歌的结构来确定，比较稳妥。

提升点： 个别分支存在问题，比如“四十三年”与“望中犹记，烽火扬州路”是一句完整的句子，建议放在一个分支上。

《沁园春·长沙》

这幅是张若言同学绘制的思维导图，用于《沁园春·长沙》学习之后的内容回顾。

中心图

青年毛泽东独立橘子洲头，近处有舸，远处有山，是一幅很棒的中心图。

主干

按照诗歌鉴赏的步骤来分：写了什么、为什么写、怎么写。

写了什么：上阕是独立寒秋图和橘子洲秋色图，下阕是峥嵘岁月图和中流击水图。独立寒秋图，交代时令——寒秋，地点——橘子洲头，以及自己的状态——独立；橘子洲秋色图，词中毛主席借助山、林、江、舸、鹰、鱼这些意象来描摹秋景，“万类霜天竞自由”；峥嵘岁月图，是对“同学少年”的回忆，那时候他风华正盛，意气风发，评论国事，写出激浊扬清的文章；中流击水图，是在回答上阕“谁主沉浮”，曾到水深流急的江心去游泳，激起的浪花能阻挡疾驰而来的行船，可见，我辈才是革命洪流的中流砥柱。

图6-11 《沁园春·长沙》思维导图 张若言绘制

怎么写：手法的角度和用字的角度，从手法上说，描写有视角的变化，由远及近，从高到低，从点到面；抒情方式主要是借景抒情。从用字的角度说，有形容词“层”“漫”，动词“看”“染”“翔”，副词“尽”等词语的使用。

毛主席想要表达的情感是昂扬向上的青春激情和以天下为己任的战斗豪情。

点评

从“颜值担当”的角度看：

闪光点：中心图很“赞”，能看出这位同学可能有一定的美术功底；
主干和分支同色；
主干有颜色的区分；
线条柔和、流畅，布局不错；
文字书写工整。

提升点：“为什么写”之下的分支，尽可能一线一词；
文字颜色要么选择同线条色，要么选择黑色，如果能统一一下，思维导图会更清晰、美观。

从“实力担当”的角度来看：

闪光点：关键词做到了one word；
整幅图的逻辑层次十分清晰；
使用虚线建立联系，把“一问一答”勾连起来了；

总的来说，这是一幅质量很高的思维导图。

附　录

单元教学设计	
单元学习主题	一模[①]试卷讲评

单元教学设计说明：

《普通高中语文课程标准》（2017年版）提出了语文学科核心素养：语言建构与运用、思维发展与提升、审美鉴赏与创造、文化传承与理解。在语文教学中培养和提升高中生四大核心素养，是高中语文教学改革的方向和任务。

“语言建构与运用”是语文核心素养的基础。本单元从具体语言文字的运用入手，通过对语言的品味、咀嚼来探索文本的意蕴；同时注重从整体阅读的感悟出发，到语言文字中找出认知的依据。

“思维发展与提升”是语文核心素养的形成标志。在本单元教学中，要注重培养学生的问题意识，既要引导学生从整体入手，也要引导学生从细节上发现问题。

“审美鉴赏与创造”是语文核心素养的综合应用。本单元教学侧重引导学生从试卷各个板块的文本中汲取信息，丰富语言，获得情感体验，获得精神享受，并学会融入自己独特体验和独立思考的创意表达，富有创意地表现美和表达美。

“文化传承与理解”是语文核心素养的终极目标。讲评试卷的文言文、诗歌板块时，从文化的视角引领学生走进文本、走进作者生活的时代，认同与领略古代汉语言简意赅、简洁明快、微言大义的文化魅力，体验文言文、古典诗歌作品中蕴含的情愫、哲理、美德等亘古不变的真善美和生命意义。

一模试卷讲评课的主要任务就是发现和纠正学生的认识“偏差”和“误解”，克服学习中的障碍，增强学生学习的信心。通过对问题的正反面的剖析，提高学生对学科知识本质的理解，提升学生的思维品质。在研究试题，进行小题得分等数据统计，对试卷、阅卷、教师自身和学生多方面的归因分析的基础上来进行本单元的教学设计。

① 一模是指高考之前的第一次模拟考试。

单元学习目标与重点难点

单元学习目标：

1.能明确试卷每个板块涉及的考点，厘清答题的思路，总结相关规律；

2.能通过试卷讲评，查漏补缺，构建系统的语文知识的网络；

3.能举一反三，由单纯解题到提高能力；

4.能激发学生学习语文的兴趣，树立学生学习语文的自信。

单元学习重点：

1.能明确试卷每个板块涉及的考点，厘清答题的思路，总结相关规律；

2.能通过试卷讲评，查漏补缺，构建系统的语文知识的网络。

单元学习难点：

1.能明确试卷每个板块涉及的考点，厘清答题的思路，总结相关规律；

2.能举一反三，由单纯解题到提高能力。

单元整体教学思路（教学结构图）

一模试卷的考点分析：

题目	考点
非连续性文本	文本理解，逻辑推导，概括分析
古文阅读	文本理解，实词、虚词考察，翻译，认知
古诗鉴赏	诗句理解，归纳概括，人物分析，内涵理解
散文阅读	内容分析，层次结构，由表及里的理解，主旨的感知
微写作	题干的理解，层次分明，语言表达，热点感知
大作文	审题立意，自我思考，结构架构，热点分析

根据学生得分率的高低来安排一模试卷讲评的顺序，见下面的鱼骨图：

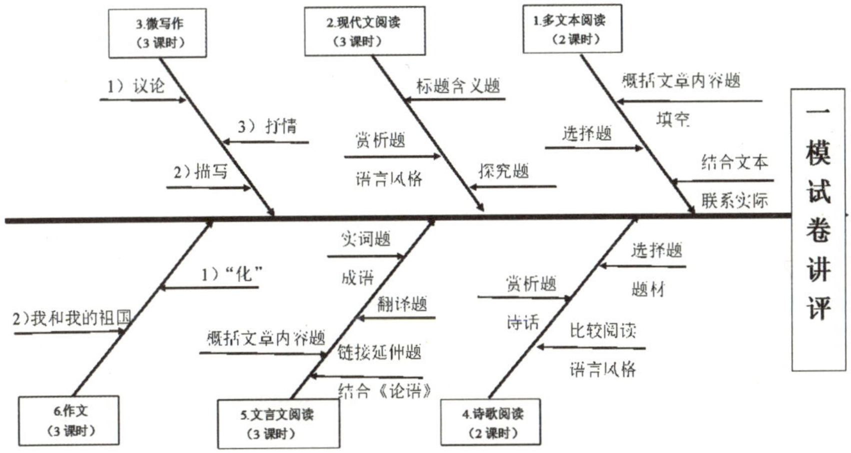

<table>
<tr><td colspan="2">课时教学设计
（在本单元内选择1—3课时进行撰写）</td></tr>
<tr><td>课题</td><td>一模试卷讲评：由形索神——从《瓦浪如海》说起</td></tr>
<tr><td>课型</td><td>新授课☐　章/单元复习课☐　专题复习课☐　习题/试卷讲评课☑
学科实践活动课☐　其他☐</td></tr>
</table>

1.教学内容分析

海淀一模现代文阅读选取了肖复兴先生一篇充满生活情调的散文——《瓦浪如海》。肖复兴先生是京籍作家，他的作品都有着浓浓的北京情结，他希望通过自己的作品让大家能看到铺铺展展的街巷、大大小小的院落，因为这些是城市生长的细胞。

《瓦浪如海》的思路梳理如下：文章开头1—3段：作者浓墨重彩地对老北京四合院房顶上那连片成海、气势浩大的灰色鱼鳞瓦进行了描述，与故宫的琉璃碧瓦形成对比，表现了鱼鳞瓦朴素低调、具有沉稳力量和历史沧桑感的特质。接下来，4—12段都在写鱼鳞瓦上、鱼鳞瓦下的生活，这部分又可以分为两层：（4—6段）作者回忆北京四合院里普通人简单质朴、自在随意的生活，面对四合院被拆掉及“瓦浪如海”的消逝，作者表达出遗憾与无奈之情；（7—12段）作者回忆童年快乐无忧的趣事，表达了对往日生活的眷恋与怀念，同时赞美了富有沧桑感的鱼鳞瓦和狗尾巴草顽强持久的生命力。

整篇文章形神兼备，意丰而情深。从“形”“神”的角度来梳理文本，有助于学生快速读懂文本。

2.学习者分析

经过一段时间的训练，学生的文本意识和筛选整合信息的能力还是有所提高的。但是，在考场上，学生答题速度较慢，时间安排不合理，没有足够的时间完成现代文阅读部分，读文、审题、答题上都比较仓促，考场上争取时间获得有效分数是一个亟待解决的问题。

一模试卷现代文阅读部分得分情况见下表：

题号	17（选择）	18（选择）	19（选择）	20（选择）	21（选择）
赋分	2	3	6	6	6
平均分	1.1	1.9	2	2.2	3

由上表不难看出，19题是散文板块得分最低的一题。此题为标题含义题，是高考考试中的高频考点，考查学生整体把握文章内容，筛选、整合、概括文章重要信息的能力。从试卷来看，很多学生回答问题时没有逻辑层次的意识，不能由外而内、由形到神整体把握文本，无法关照全文概括作者情感，比如只写回忆或怀念，忽略惋惜与遗憾；有些学生对试题类型判断错误，错答成作用题等。

据此，本节课尝试采用“由形索神”的方法帮助学生在考场上快速梳理文脉，获取文章重要信息，从而较为全面地答题，使学生更容易拿到分数。

3.学习目标确定

①运用“由形索神”的方法，梳理文脉，较为快速地找到文章中的“形”与“神”，关注到形与神的连接点；

②明确题目的评分标准和采分点，找出自己答题的问题所在；

③标题含义题答题思路的归纳、总结；

④感悟作家浓厚的北京情结，品味文章中的生活情调。

4.学习重点难点

①使用“由形索神”的方法快速梳理文本内容，关注到形与神的连接点；

②标题含义题答题思路的归纳、总结。

5.学习评价设计

过程性评价：

老师点评与学生互评相结合。老师对学生研讨的投入度、发言的内容、发言时的举止都可以进行评价，发现学生学习的个性特点和具体问题，及时引导，并提出有针对性的建议，激发学生学习的动力。

成果性评价：

成果性评价是对学生作业的综合性评价。老师对学生完成的延伸练习进行批阅打分；教师对学生绘制的思维导图进行一对一点评，好的思维导图则通过PPT进行照片展示。

6.学习活动设计

教师活动	学生活动
环节一：导入	
教师活动1 同学们都知道，散文具有形散神聚的特点，那么请大家回忆一下什么是散文的“形”？什么是散文的“神”呢？ 明确： 形——表层的、外显的、有形的“人”“事”“景”“物”，神——深层的、内隐的、无形的“情”（情感）、“理”（哲理、道理、思考）、“志”（志向、志趣）、“神”（精神、品格、特征）。 我们找到文章的“形”，再通过外显的“形”找到内隐的“神”，便可以较为快速地找到散文阅读的突破口，今天这节课我们就来大胆地尝试一下。	学生活动1 回忆之前讲过的相关内容，回顾“由形索神”的方法，并回答。（2分钟）
活动意图说明：回顾“由形索神”的方法，调动已知，进入情境。	
环节二：由形索神，梳理文脉	

<table>
<tr>
<td>
教师活动2
我们就一起来找一找一模现代文阅读《瓦浪如海》中的“形”与“神”。请同学们边阅读边圈点勾画，梳理出外在“形”的特点，找到作者真正要表达的内在“神”的特征，并从中体会作者想要表达的情感。
形：文章写了什么人、事、景、物？
明确：
瓦：哪里的瓦？北京四合院的、故宫的、车厢里的。
如何描写的？（外显的）北京四合院的瓦是灰色鱼鳞瓦，如海浪、铺铺展展；故宫的是碧色琉璃瓦，高高在上；车厢里的瓦是灰色鱼鳞瓦，待宰之鱼、一层层、整整齐齐。
生活：谁的生活？老百姓的日常生活，把房顶当作阳台、露台。
回忆：谁的回忆？孩子（我们、我）的乐园。
老院：拆除。
神：找与形的一一对应关系。
明确：
四合院的瓦气势磅礴、朴素、低调、有力量、有沧桑感；故宫的瓦炫目、威严、代表着皇权；车厢里的瓦没有生气、没有气势。老百姓的生活是随性的、自在的、快乐的、简单的、质朴的；孩子们的回忆是美好的、欢乐的；可是这一切随着老院的拆除，都消逝不见了。
情：在老四合院里生活的老百姓和孩子是开心的，有着满满的美好回忆，流露出作者对这种生活的喜爱；然而这样的生活随着老院的拆除已经消逝了，因此作者还表达出了对过往美好生活的怀念、眷恋，以及对老院拆除的伤感、遗憾。
</td>
<td>
学生活动2
学生边阅读边圈点勾画，根据由形索神的方法来快速梳理文章的文脉。（3分钟）
</td>
</tr>
<tr>
<td>
绘制思维导图（学生边回答，老师边绘制）：
首先绘制重重叠叠的瓦片作为导图的中心图，并标注题目，瓦浪如海；然后绘制三大主干，按顺时针顺序从右上方开始依次为：形、神、情；再根据学生梳理文本后提取出来的信息绘制各个分支。在绘制思维导图的过程中，学生不难看出四合院灰瓦与故宫琉璃瓦、与车厢上没有生气如待宰鱼一般的灰瓦的对比，用虚线建立其间联系并标识出来；在“形”与“神”的基础之上再分析作者的情感就很简单了。对于童年美好的回忆以及老北京四合院内百姓质朴自在的生活，作者表达了怀念和喜爱之情；而对于没了生气的灰瓦、消逝的生活，作者要表达的则是遗憾和伤感。
</td>
<td>
学生思考、提取相关信息并回答。（10分钟）
</td>
</tr>
<tr>
<td colspan="2">
活动意图说明：梳理文本是散文阅读的第一步，也是非常重要的一步。利用“由形索神”的方法能够较快地梳理文章脉络，借助思维导图的绘制，《瓦浪如海》由形到神再到作者要表达的情感可以全部呈现出来，一目了然。
</td>
</tr>
</table>

环节三：重现试题的评分标准及满分答案	
教师活动3 **重现试题：** 19.文章题目“瓦浪如海”，意丰而情深。综观全文，请解说其丰富的寓意。（6分） 提问：请同学们先回忆一下现代文阅读答题分为哪几步？ **预设：** （1）审清题目：压缩题干信息，提取关键词。明确题目类型（含义题、作用题、赏析题、细节题、探究题）；明确答题区间，是全文还是开头、结尾，抑或是某段；明确答题任务，做到问什么答什么；明确答题要求，比如，“用自己的话”“概括”“赏析”“解说”等。 （2）明晰思路：标题含义题的思维路径为，①语境义：从表层含义到深层含义一一梳理，可能会有多个，注意相同意义项要合并；②中心义：包括作者的情感、写作意图等。 （3）准确答题：整理答案，用完整的句子回答，做到分条陈述，让条理更清楚。 提问：请同学们重新审题，找出题目当中的关键词并解说。 “题目”——答题对象。 “意丰”：含义丰富；“情深”：情感深厚——答题内容。 “全文”——答题区间。 “解说寓意”——答题任务。 提问：请同学们看PPT上展示的评分标准，明确采分点，并根据满分答案完善自己的考场答案。 （此处有PPT展示） **评分标准：** [评分要点] 老北京四合院屋顶的鱼鳞瓦连片成海，气势磅礴（1分）。灰色的鱼鳞瓦朴素低调，显示出沉稳的力量，富有历史沧桑感（1分）。鱼鳞瓦下四合院里普通人的生活简单质朴，自在随意，快乐自足（2分）。作者对四合院的生活无限眷恋（1分），对“瓦浪如海”的消逝，伤感无奈（1分）。 [评分细则] （1）鱼鳞瓦的外在特点1分：多，成海，气势磅礴。 （2）鱼鳞瓦的内在特征1分：朴素低调，沉稳有力量，或富有历史沧桑感（历史、沧桑）。	学生活动3 学生回忆旧知，加深对答题关键点的印象。（2分钟） 学生圈画题干关键词，解说关键词明示或者暗示的信息。（2分钟）

<table>
<tr><td>（3）四合院的普通人生活2分：
简单质朴，自在随意，快乐自足，任意一点得2分。
回答过于概括得1分：美好的生活，丰富的生活，美好生活的回忆。
（4）作者的感情2分：
无限眷恋1分（可替换词语：怀念、留恋、亲切感、有家的感觉等）。
伤感无奈1分（可替换词语：遗憾、惋惜等）。
[满分示例]
①四合院房顶的瓦一片挨着一片（1分），像翻涌的海浪；②如海的瓦浪沧桑沉默（1分），衬托绿色树木和城中碧瓦琉璃的力量；③瓦顶与人们的生活息息相关，承担着阳台和露台的作用；④瓦浪是我们的乐园，十分结实，承载着我们童年的欢乐（2分），表现出我的喜爱（1分）之情；⑤四合院被拆后瓦浪再也没有如海的气势了，表现出四合院沧桑的命运，表达出“我”对此的惋惜（1分）；⑥瓦浪给“我”一种家的感觉，使我感到亲切，无论它变成什么样，“我”对家的依恋和回归是不会变的。</td><td>学生明确试题的评分标准和采分点，并根据满分示例完善自己的答案。（5分钟）</td></tr>
<tr><td colspan="2">活动意图说明：让学生重视题面信息，突出审题的重要性；明确试题的评分标准和采分点，找到自己答案的失分点。</td></tr>
<tr><td colspan="2">环节四：分析考场示例（分析失分原因，总结得分要领）</td></tr>
<tr><td>教师活动4
提问：请同学们根据评分标准里的要点和原则，结合满分示例，给以下考场示例打分。要求：在得分处标注分数，并写出示例的优点和提升点。
示例1：北京四合院屋顶上一片紧挨着一片灰色的瓦，连接成一片浩瀚的灰色，犹如云雾天里翻涌的海浪一样，一波又一波，直涌到天边；如海的瓦浪所显示出的色彩和力量，是世界上任何一座城市都没有的，无语沧桑，力量沉稳；经过拆迁、改造，已经没有了成海的瓦浪，现存的瓦片在四合院上显得只剩沧桑；瓦浪如海同时也表达了作者对旧时北京城的回忆，与小时候的思念。
打分：3分
优点：分点概括，层次清晰。
提升点：文章内容只梳理了前半部分，是因为时间的问题吗?
示例2：浅层寓意为北京四合院房顶的鱼鳞瓦成片相连像海浪一样，一波又一波；而深层含意为原来的北京四合院有很多，但现在高楼越来越多，把四合院都拆了，没有瓦浪如海、向天际展开的气势了。
打分：2分</td><td>学生活动4
学生结合评分细则和评分标准为老师提供的示例打分，标注得分点，交流讨论示例的优点和提升点。（13分钟）</td></tr>
</table>

优点：题型判断正确，知道大概的答题思路。 提升点：不清楚表层、深层含义具体所指。是不是在读的时候没有圈点勾画，快速锁定关键词句？即使有锅（思路，抓手），但没有米也还是做不好饭。 示例3：瓦浪如海是北京四合院灰色瓦片相连的景象，瓦浪蕴含了作者对老北京对家的回忆，瓦浪如海代表着过去的老北京城，它是十分有力、有气势的；“瓦浪如海”作为全文的线索，贯穿全文，作者由瓦片写到过去的生活，瓦浪中有作者的怀念。 打分：2分 优点：卷面整洁，字迹清晰。 提升点：①题目类型判断错误，将标题含义题答成了标题作用题；②回答的内容不具体，瓦浪蕴含了作者对老北京、对家怎样的回忆？瓦浪中有作者的怀念，作者怀念的是什么呢？ 示例4：表层含意是北京四合院的瓦片多而形状像浪，凸显出北京城的独特；瓦片不厚，但成片的瓦片构成瓦浪则力量无穷，充满生机；瓦浪是童年的回忆。深层含义是瓦浪凸显出北京的沉稳厚重，具有历史感，赞美其具有顽强的生命力。瓦浪代表的是家的感觉，表达了作者对家乡的热爱及思念。 打分：5分 优点：答题层次清楚，表层含义、深层含义和作者情感逐级展示。 提升点：内容梳理上有遗漏，因此情感部分回答不全面。	
活动意图说明：让学生明确试题的评分标准和采分点，对照为考场示例打分；寻找示例优点和提升点的过程也是学生寻找自己答题漏洞的过程、规避错因的过程。	
环节五：总结现代文阅读标题含义题的答题思路	
教师活动5 提问：通过前面的内容，同学们来总结一下现代文阅读答题注意事项以及标题含义题的答题思路。 板书： 标题含义题 表层含义（形）→深层含义（神）→作者情感（情）	学生活动5 学生思考归纳。 标题含义题： 表层含义（形）——深层含义（神）——作者情感（情）。 记笔记，落实在笔头。（3分钟）
活动意图说明：经过前几个环节的教学，让学生对标题含义题的答题思路进行归纳，为本节课作总结。	

板书设计

由形索神——《瓦浪如海》

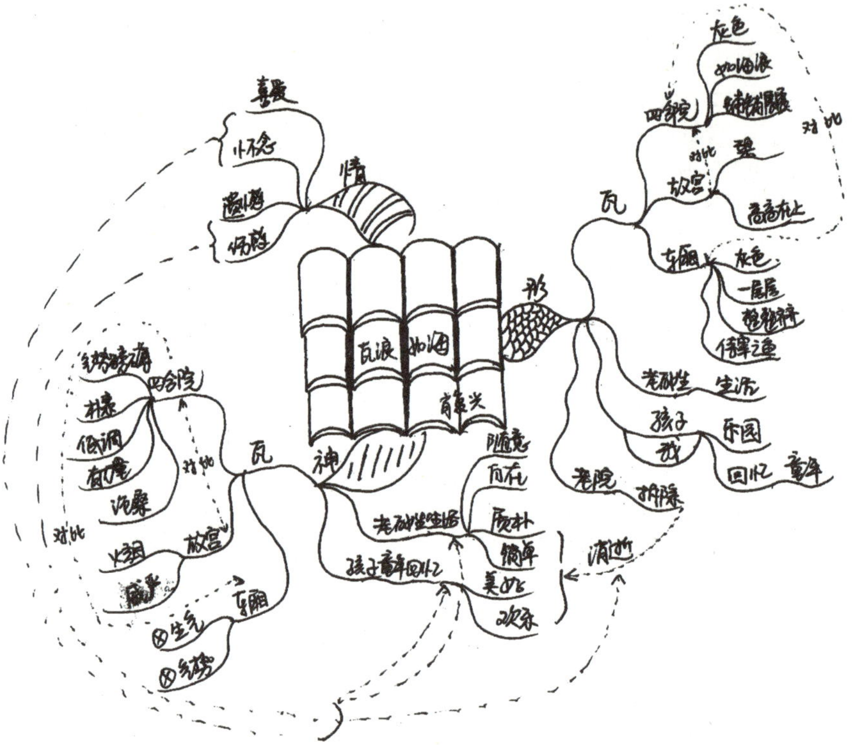

标题含义题

表层含义（形）→深层含义（神）→作者情感（情）

特色学习资源分析、技术手段应用说明：
PPT、学案、思维导图

教学反思与改进

在教学中，学生充分进行了交流，整节课的节奏把握不错，较好地完成了预先设定的学习目标。边梳理文本边绘制思维导图，文本脉络得以更加清晰地呈现出来。但是有个别细节可以再斟酌，比如，《瓦浪如海》除了空间上的对比，还有“那时候”“十几年前”时间上的对比，从时间的维度对“形”与“神”的特点进行梳理似乎可以更清晰；另外，在文末出现的“狗尾草”这个意象被忽略，“狗尾草”虽然沧桑，却有着顽强的生命力，与前文讲四合院的灰瓦“越是朴素，越是有力量”的特点是一致的，尽管在试题中未涉及，但是在试卷讲评课上，对文本进行解读的时候还是应该分析到位的。

《瓦浪如海》原文

瓦浪如海

肖复兴

①老北京四合院的房顶铺的都是鱼鳞瓦。灰色，一片灰色的瓦，紧挨着一片灰色的瓦，连接着一片浩瀚的灰色，铺铺展展，犹如云雾天里翻涌的海浪一样，一波又一波，直涌到天边。

②这种由鱼鳞瓦组成的灰色，和故宫里那一片碧瓦琉璃，做着色彩鲜明的对比。虽不如碧瓦琉璃那般炫目，那般高高在上，但满城沉沉的灰色，低矮着，沉默着，无语沧桑，力量沉稳。它似秤砣一般压住了北京城，铁锚一样将整座城市稳定在蓝天白云之下。在北京胡同长大的建筑师张永和先生，对这样的鱼鳞瓦太熟悉不过，他说："我成长于一个拥有低矮地平线的城市中。从空中俯瞰，你只能看到单层砖屋顶上灰色的瓦浪向天际展开，打破这波浪的是院中洋溢着绿色的树木以及城中辉煌的金色。"而只有向天际展开的灰色瓦浪，才会让那些绿色的树木和城中辉煌的金色拥有力量；只有在这样一片灰色的瓦浪中，那些绿色的树木和城中辉煌的金色才会显示出自己的力量。

③上个世纪50年代，北京的天际线很低，不用站在景山上面，就是站在我家的房顶上，从脚下到天边，一览无余，基本上是被这些起伏的鱼鳞瓦顶所勾勒。那时候成片成片的四合院【甲】（占有/占据）了北京城的空间。这一片如海的瓦浪，它所显示出的色彩和力量，是世界上任何一座城市都没有的。

④那时候，四合院平房没有如今楼房的阳台或露台，鱼鳞状的灰瓦顶，就是各家的阳台和露台，晒的萝卜干、茄子干或白薯干，都会扔在那上面；五月端午节，艾蒿和蒲剑插在门上之后，也要扔到房顶，图个吉利；谁家刚生小孩子，老人讲究要用葱打小孩子的屁股，取"葱"的谐音，说是打打聪明，打完

之后，还要把葱扔到房顶，这到底是什么讲究，我就弄不明白了。

⑤那时候对于我们许多孩子而言，鱼鳞瓦的灰色房顶，就是我们的乐园。老北京有句俗话，叫作“三天不打，上房揭瓦”，说的就是我们这样的小孩子，淘得要命，动不动就跑到房顶上揭瓦玩儿，那是司空见惯的儿童游戏。鱼鳞瓦，真的很结实，任我们成天踩在上面那么疯跑，就是一点儿也不坏。单个儿看，每片瓦都不厚，一踩会裂，甚至碎，但一片片的瓦铺在一起，铺成一面坡的房顶，就那么结实。它们是一片瓦压在一片瓦的上面，中间并没有什么泥粘连，像一只小手和另一只小手握在一起，可以有那么大的力量，也真是怪事，常让那时的我好奇而百思不解。

⑥十几年前，听说老院要拆，我特意回去看看，路过长巷上头条，看见那里已经拆光大半条胡同了。一辆外地来的汽车车厢里，装满从房顶上卸下来的鱼鳞瓦。那些鱼鳞瓦，一层层，整整齐齐地码在车上，和铺铺展展在屋顶上的景象完全不一样了，尽管也呈鱼鳞状，却像是案板上待宰的一条条鱼，没有了生气，更没有瓦浪如海，翻涌向天际展开的气势了。

⑦我望着这满满一车的鱼鳞瓦，它们经历了一百多年的雨雪风霜，还是那样的结实，那样的好看。又有谁知道，那些鱼鳞瓦上，曾经上演过童年那么多的游戏，带给我们那么多的欢乐呢？还曾经上演过比我们的游戏和欢乐更多更沧桑的故事呢？

⑧要说带给我们最大快乐的，一是秋天摘枣，一是国庆节看礼花。那时，院子里是三棵清朝就有的枣树，我们可以轻松地从房顶攀上枣树的树梢，摘到顶端最红的枣儿吃，也可以站在树梢儿上，拼命地摇树枝，让那枣纷纷如红雨落下，噼噼啪啪砸在房顶的瓦上，【乙】（溅落/掉落）在院子里。比我们小的小不点儿，爬不上树，就在地上头碰头地捡枣，大呼小叫，可真的成了我们孩子的节日。

⑨打完了枣，下一个节目就是迎接国庆。国庆节的傍晚，扒拉完两口饭，我们会溜出家门，早早地爬上房顶，占领有利地形，等待礼花腾空。由于那时没有那么多的高楼，一眼就能看到晚霞中的西山脚下。前门楼子和天安门广场都是看得真真的，仿佛就在眼前，连放礼花的大炮都看得很清楚。我们坐在鱼鳞瓦上，心里充满期待，也有些焦急。随着礼花腾空会有好多白色的小降落伞。降落伞飘来的那一刻，我们会立刻大叫着，一下子都跳了起来，伸出早已经准备好的妈妈晾衣服的竹竿，争先恐后去够那些小小的降落伞。有一次，就让我够着了一个，还挺大的个儿，成为我拿到学校【丙】（炫耀/显摆）的战利品。

⑩一直到十几年前，重返我们的老院，又看到童年时爬过的房顶、踩过的鱼鳞瓦，才忽然发现和它们这么久没有相见了，也才发现瓦间长着一簇簇的狗尾巴草，稀疏零落，枯黄枯黄的，像是年纪衰老的鱼鳞瓦长出苍老的胡须，心里不禁一动，有些感喟。其实，这种狗尾巴草一直都是这样长在瓦缝之间，一年又一年，它们的生命力和鱼鳞瓦一样的顽强而持久。

⑪去年的秋天，我路过草厂胡同一带，那里的几条胡同已经被打理一新，地面重新铺设青砖，四合院重新改造。有老房子的房顶被改造成露台。顺着山墙新搭建的梯子，爬到房顶，楼房遮挡得远处看不到了，但附近胡同四合院房顶的鱼鳞瓦，还能看得很清楚，尽管已经没有了张永和先生说的“灰色的瓦浪向天际展开”的景象，却还是让我感到亲切，仿佛又见到童年时候的伙伴。真的，这和看惯各式各样的楼顶，哪怕是青岛那样漂亮的红色楼顶的感觉，是不一样的，因为这种灰色的鱼鳞瓦，才能带给我老北京实实在在的感觉，是一种家的感觉。

⑫我还看见眼前不远处屋顶上鱼鳞瓦之间长出的狗尾巴草，迎着瑟瑟秋风，摇曳着枯黄的颜色，和鱼鳞瓦的灰色，吟唱着二重唱。

<table>
<tr><td align="center">单元同步作业设计</td></tr>
<tr><td>1. 作业目标
对一模试卷的情况进行分析、反思，找到最适合自己的提升方法；
对试卷讲评课的内容进行反馈，巩固所学；
对试题进行归类，总结命题规律，明确答题的思路。</td></tr>
<tr><td>2. 设计思路
一模结束，学生首先要对自己语文成绩有一个准确的定位，通过还原自己的考场状态，对试卷各个板块失分原因进行梳理分析，找到前一段语文学科学习的优势和提升点；然后通过试卷讲评课，查漏补缺，形成较完整的语文知识体系；再结合每个板块的反馈练习，巩固所学。
另外，教师可以采用作业分层的形式，让每个孩子能理解和完成最适合自己的作业，并获得最大的进步。比如本节课的作业设计：
必做：由形索神，找到文章的“形”与“神”；
选做：从由形索神的角度绘制思维导图。</td></tr>
<tr><td>3. 具体内容
完成《语文一模考试诊断书》，内容涉及每个板块的答题时间、失分分析（病症）、改进措施（处方），格式二选一：1）处方单；2）思维导图。</td></tr>
<tr><td>处方单模板：
语文一模考试诊断书
主治医生：
病症：（各个板块失分原因分析）
1.
2.
3.
……
处方：（自己能解决的/需要老师如何帮助）
1.
2.
3.
……
疗效：（二模/高考语文的目标分数）</td></tr>
<tr><td>思维导图：参见166页图5-1和167页图5-2。</td></tr>
</table>

试卷每个板块讲评后有相应的巩固练习，以本节课举例：

反馈练习

一、再读《秋的文章》（2019年海淀期末），回答下面的问题。

秋的文章

刘成章

秋风起了的时候，燠热的酷暑隐退，黄土高原的广阔天空清清爽爽。碧蓝的天上，七八片白云悠悠。像有什么东西在远天闪现，先是缥缥缈缈，不可捉摸；接着有了影子，有了起伏，有了节奏，一声一声地明朗起来清晰起来——那是大雁的歌。呵，高高的天空，大雁飞过，“一”字“人”字飞过。

“一”是汉字，“人”也是汉字，那是仓颉创造的字，那是我们辈辈先人用过的字，那是我们字典里总是印着的字，那是连幼儿园的孩子们也会认会写的字。“一”和“人”，那两个饱含沧桑的字，擦着蓝天，唱着高亢明快的歌，在白云里向南方飞去。

“一”是什么？“一”是地平线，“一”是大地，“一”是一切物事的初始，有“一”才会有五洲万象。“人”呢，有灵魂，有意志，你看他，总是张腿站立，目光炯炯，神情专注，世世代代地为了生存为了幸福迎接挑战。

字形忽然变幻起来，那是书圣王羲之在运笔，底气浮漾，力道遒劲。笔锋上是大雁的翅羽挟着风声，墨迹渗着大自然的风韵。王羲之的笔下，是蓝天，是白云，是生命如歌似梦的演绎。

天空是简洁洗练的，可天空下的茫茫大地就很不一样了。秋的黄土高原脉络纵横，纷乱复杂。赤橙黄绿青蓝紫，软硬香辣横竖斜，各种颜色、各种味道、各种气韵、各种声息、各种姿态和各种果实，都经过了一春一夏的成长和韬晦，现在都不甘寂寞了，都显示出了强烈的表现欲。它们都想说些什么，唱些什么，争论些什么，压倒些什么，夸耀些什么，畅想些什么。它们都是有实力的角色，都有点君临天下的气度。

面对这一切，闭着眼睛默默想，王羲之的书法也是写在地上的，但地上不仅仅是王羲之的书法了，还有怀素的，颜真卿的，柳公权的，黄庭坚的，于右任的，鲁迅的，舒同的，赵朴初的，欧阳中石的。但书法上的字掉下来到处游移，它们混在一起，叠压在一起，千笔万画有如密林里树枝的交错，乱人眼目，无从赏鉴。

咳，是乱了。

野藤如怀素的笔墨趴于槐树梢，老鹰像于右任的手迹琢磨着崖畔上的羊蹄印儿。忙果欲落，闲枝想舞，玉米棒子没有牙刷也想刷刷它着实可观的牙、显摆显摆，一只红狐跳了两跳，枯黄的向日葵回忆着青春。有人在石头边给收割机加油，婆姨爬上断墙不知在摘啥。还有些牵牛花刚刚钻出土来，它们误以为现在还是春天，兴高采烈地努力生长，准备开上几个月的鲜艳花朵。挑水的汉子忙里偷闲地往那里瞅了几眼，好像在嘲笑，又好像在品味。芝麻地里蝴蝶喝露水，露水珠里有它的影子。好多庄稼都低垂着头颅，似乎在请罪。错矣！它们籽粒又多又饱满的低头姿态，是大丰收的表现！老了的韭菜连驴也不理，好不哀伤。北漂回来的青年不太会干农活，穿着雪白的衬衣，鞋是名牌，说要去买些扎捆谷物的绳子。他边走边看手机，不料，被割下的几捆子荞麦绊得跌到一汪牲口尿里了。唉！白衬衣弄得臊气难闻，怎么上街？唉唉唉！

有的成熟，有的颓败；有的高挺，有的倒下；有的还在，有的却不见了。

面貌乱了，色彩乱了，序列乱了。

眼前的景象乱哄哄的，很有点光怪陆离！

高原的大地原先可不是这个样子，这里原先不但像一场隆重的书法展览，而且像一篇好文章：它立意高远，内容青翠；行文上，谷子一层，糜子一层，玉米一层，高粱一层，向日葵一层，而且谷子、糜子、玉米、高粱、向日葵内部还分着细微的层次，豆类、花生就是标点符号。真是有条不紊，眉目清楚，读起来非常舒服。可是现在，这文章就像在电脑上出现乱码了，无法卒读。

哎哟，的确很乱很乱了。

太阳的热汗有时还在冒，风的赤膊却穿上了衫子，说凉了凉了都加点衣服吧。土里的洋芋如一窝汉字拱破地皮，怕大家说它们出来得太早了，慌里慌张，前言不搭后语，而左近却无人，一个都没有，只飞过一些想偷吃的麻雀。谷子、糜子、玉米、向日葵们都熟成了金子。一亩大白菜依然我行我素，固执地不肯脱下白绿搭配的长裙，声言春天还在身边。高粱地最是引人瞩目，几万面红旗飘飘，秋日照射下，竟像火般漫延，火焰都快把地皮、把稿纸烧着了。突然间，文章中糜子那节被割倒一片，一行一行飘香的字词都被放在地上，扎成了捆子。字词的茬子带着残留的丝丝干叶，缩在巨大的壑口里，白得刺眼。谷子的段落也被一句一句地放倒了，形成了空缺、少行、断片，谷地变得壑壑牙牙，少东没西。路上，一个牵驴的姑娘边走边望，对这样的残缺那样的破损露出了笑容，颇为欣赏。

那边厢，男童似的，女童似的，一亩黄豆喊叫着它们也熟了，真的熟了，南瓜也帮腔说很熟很熟异常地熟，豆豆们就更加自信了，有的喊着喊着就从豆荚里蹦出来了，不懂什么叫作沉稳，这些碎怂娃娃们！下沟里有人急急蹚河，水声哗里哗啦的。羊在两块石头前吃草。山畔上的好枣子打下一摊，美死了甜死了那山畔上的一切。林带的背后老一声，少一声，蛐蛐五声牛两声，众声喧啸纷杂。运送谷物的汽车有好几辆，一个车轱辘不幸爆裂了，看起来很有几分悲壮；崖底，有人从红火尚存的灰烬里拿出烤红薯，那红薯热气袅袅，俨然炫耀着它的二次成熟。

这是秋的文章吗?

当然是，是黄土高原上的秋的文章。

短短几天，成熟了的庄稼地不再规整，而是色彩驳杂，结构松散，缺三少四，参差不齐，犬牙交错，横七竖八，乱得一塌糊涂。这情状就像明初文学家宋濂所批评的那样，“黄钟与瓦釜并陈，春秾与秋枯并出，杂乱无章，刺眯人目者，非文也”。

不对！谁说这不是好文章！秋天是收获的季节，变化的季节，流转的季节，眼花缭乱的季节，秋的文章愈乱愈好！秋的文章总在删节着，斧削着，大剪大裁，成亩成亩地往下割刈，也在不断地追求着精美。

秋的文章可上典籍。

秋的文章总能让人欢喜，也总能让人激动得落泪。

（有删改）

必做题

1.（试卷原题）文章开篇多次写到"一"字、"人"字，绘形传神，请根据文章内容解说"一"字、"人"字所传之"神"。（6分）

参考答案：（1）表层含义："一"字、"人"字指的是雁阵"一"字形和"人"字形，"一"字、"人"字是汉字中最古老、最常见、最常用的字；（2）深层含义：它们代表着中华民族世代相传的创造力，传承着中华民族悠久的文化（品格）；象征着人在大地上迎接挑战，代表着创造幸福生活的执着顽强、坚定乐观的精神（精神）。

二、再读《说起梅花》（2015年高考北京卷），完成下面的试题。

说起梅花

①我出生的那一天，家门前的梅花初绽，据说是朱砂梅，很美，家人就给我取名"梅"字。父亲自小教我古诗，关于梅花的诗很多，到现在还能一口气背出很多，如"冰雪林中著此身，不与桃李混芳尘""不受尘埃半点侵，竹篱茅舍自甘心"。我最喜欢曹雪芹的"冻脸有痕皆是血，酸心无恨亦成灰。误吞丹药移真骨，偷下瑶池脱旧胎"。关于梅，人们谈论太多，种梅，赏梅，写梅，画梅，梅深入到人们生活的各个角落。虽知道这名字极美，但每当别人问起我的名字时，又觉得难以启齿，太俗了，取这个名字的人太多，声音听起来也闷声闷气的，对这个名字的尴尬，一直不能释怀，到美国后就马上给自己取了一个雅致的英文名字，以为总可以脱俗了，不料一些好事的西方人非要知道我的中文名字。

②记得第一次有个墨西哥人问我名字，我就告诉他我的名字是梅，他又问"梅"是什么意思，我说是一种花，那人打破砂锅问到底，问什么花。我突然张口结舌起来，记得梅花翻译成英语是plum，就是李子，迟疑了一下，就说plum。那人噢了一声，就不再问了，显然他对这个答案很失望。

③第二次一个美国人问起梅花，我接受上次的教训，不再说李子花，就启发他说，是一种花，中国最美的花，你猜猜看。那人就说"是玫瑰花"。我有点失望，进一步启发说，这种花，很美，在冬天开放，中国人最喜欢，经常把它们画成画挂墙上，写进诗里。那人想了想说："是牡丹吧，牡丹又大又美，我看很多中国人的家里挂着牡丹花。而且牡丹是我唯一认识的中国花。"

④我一听又没有希望了，也难怪，很少有美国人了解中国的历史与文化，何况一种花草。

⑤我说梅花是被中国人挂在墙上、捧在手上、供在心里的，是深入血液和灵魂的一种花。他似乎被我感动了，突然对梅来了兴趣。

⑥这胖胖的老美认真起来，有一天他突然跑来兴冲冲地告诉我，苏菲，我找到了梅，结一种酸酸的果子，是可以做色拉醋的，很好吃。我讶然了，是的，有些梅是可以结果子的。大多花草有艳花者无果实，有美实者无艳花，难得梅两者俱美，梅的美不仅是果实，这老美只知道吃。

⑦第三个问的是意大利人，是搞音乐的，我想这人是有艺术感受力的，反正他没见过梅

花，就信口开河起来。我说梅花是中国最美的花，有几千年的栽培史。梅花是我们中国民族精神的象征，凌寒飘香，不屈不挠，自强不息，铁骨冰心。倾心于梅的中国人很多，清朝曾有一位叫陈介眉的官员，听说孤山的梅花开了，立即丢官弃印从京城千里迢迢骑马狂奔至杭州，“何物关心归思急，孤山开遍早梅花”。还有一个叫林和靖的，有一天独自欣赏梅花时，一下子被梅花的神姿吸引了，从此入孤山种梅花，一辈子没有下山，以梅花为妻。那人睁大了眼睛问：“真的吗？”“真的。”我说，他有一首写梅花的诗，在所有写梅花的诗中独占鳌头，无人能比。“众芳摇落独暄妍，占尽风情向小园。疏影横斜水清浅，暗香浮动月黄昏”，我脱口而出，“如果你读了这诗，看了这梅，你一定能作出美的乐曲，中国有名曲《梅花三弄》，你可以写出《梅花四弄》。”

⑧从此，那人每次见我，必问梅消息，一天被逼无奈，就从网上找出梅花的照片与绘画作品，其中有一幅《墨梅》。那人端详半天，说，很像桃花吗，枯瘦的桃花，还有黑色的，很稀有的颜色。我不再想解释那是墨梅，也不想再说梅花的美就在于疏、瘦、清、斜。

⑨显然这位艺术家也误解了梅花。我怎么告诉他在万木萧瑟、大雪压境的冬天，忽然看到一树梅花迎雪吐艳时，那种惊心动魄。怎么才能告诉他，千年老梅，铁枝铜干，如枯若死，一夜风雪后，突然琼枝吐艳，那种绝处逢生的沧桑感。怎样才能告诉他，当你为情所困、辗转反侧时，突然一股梅香袭来，幽幽而来，又悄然而去，那种神魂颠倒。梅花的美是摄人魂魄的，如果赏梅在淡云，晓日，薄寒，细雨，或小桥，清溪，明窗，疏篱，再加上诗酒横琴，林间吹笛，这时候你很难再做凡人，梅花是人间尤物，人间与仙境的使者。

⑩有一次和一个日本人闲聊，不知怎么就谈到他们国家的国花，他异常兴奋，竟说得泪花点点。我也不由自主又谈起梅花，他说他的，我说我的，他说的我不太懂，我相信我说的他也不懂，有一点是相通的，对一种花的深入灵魂的热爱。

⑪梅花，几千年的书香缭绕得骨清魂香，几千年的诗心陶冶得如此美丽。中国人心里千回百转的梅魂，在与世界相遇的过程中焕发出独异的魅力，成为民族精神的写照。

必做题

1.（自命题）这篇文章的标题有哪些含义？（6分）

参考答案：（1）表层含义：说起梅花是从作者家门前三株朱砂梅说起，接着说起了三个外国人对梅花有误解的故事；（2）深层含义：梅花具有顽强不屈的生命力，具有高洁、孤傲、淡然、超凡脱俗的品格（品格），梅花凝聚着深厚文化内涵：历代文人几千年的书写绘画、题咏吟诵中赋予了梅花的精神之美和诗性之美；梅花是中华民族精神的象征和写照（精神）；（3）表达作者对梅花深入灵魂的热爱（情）。

选做题

1.（自命题）请你从由形索神的角度，绘制一张《说起梅花》的思维导图。

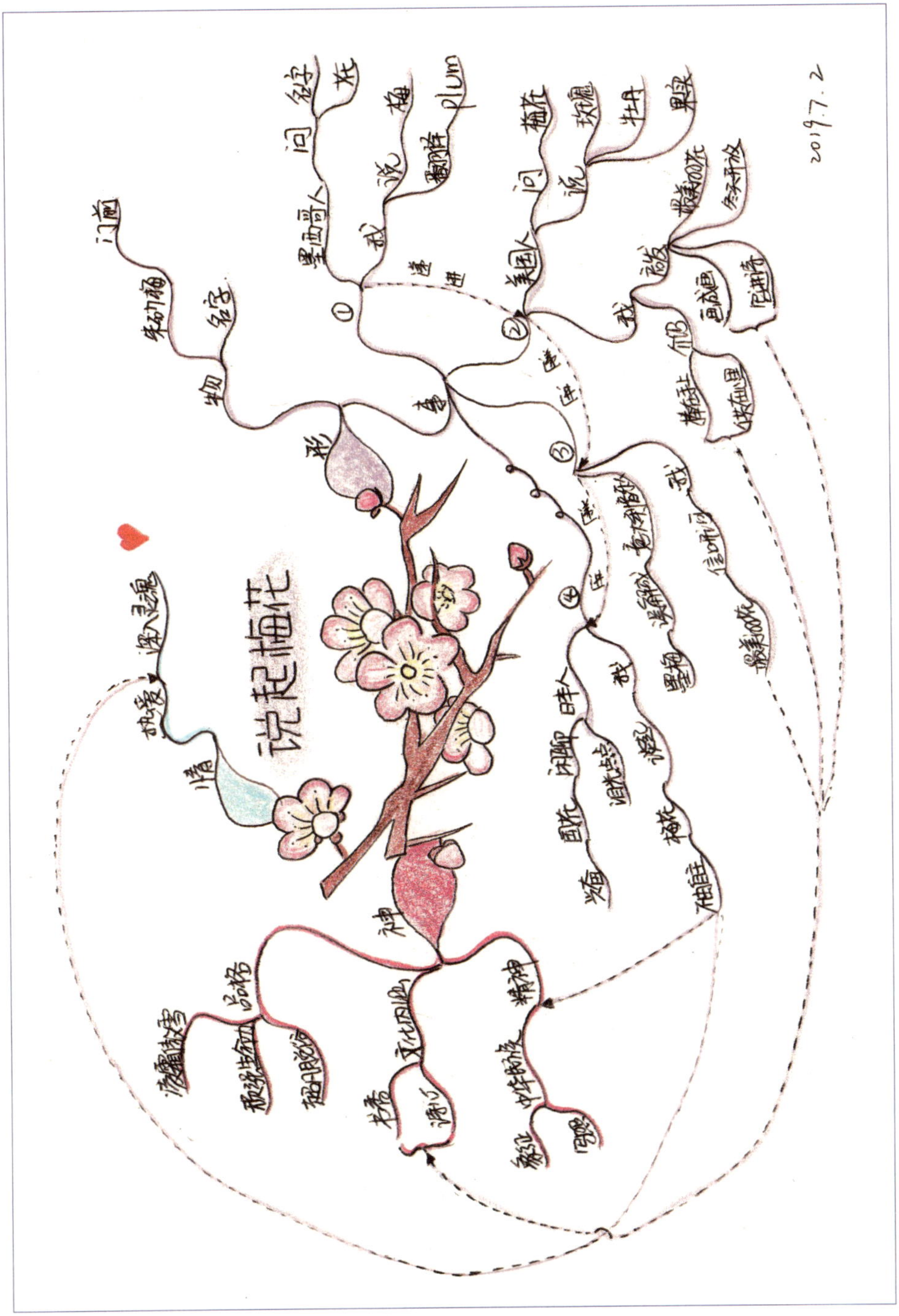
说起梅花
2019.7.2

使用建议：

预计学生用15—20分钟完成作业，使用时间因其对知识的掌握程度而异。

反馈练习作业根据评分标准打分批阅，得分仍不理想的学生面批面改，及时细致地分析、解决学生在此类题目上存在的知识与能力问题。

思维导图作业一对一批改，帮助学生更快提升。

致　谢

敲完最后一个标点符号，我长舒一口气。从一开始的不自信到最后书稿顺利完成，需要感谢的人太多。

感谢恩师王玉印，她是我学习思维导图路上的太阳花，每次遇到问题，我总要找老师聊聊，寻求帮助，从老师那儿获得能量，然后再“满血复活”。

感谢我的学生，他们是我接触思维导图的动力，看到他们把思维导图应用到学习中，我更坚定要将思维导图+语文这条路走下去。

感谢我的家人，他们是我坚强的后盾，有他们默默的支持和鼓励，我才能专心地写书，尤其是我的儿子郭朗秋，还特意为本书配了小插图。

感谢认真阅读这本书的你，希望它能开启你的思维导图之旅。希望你能带上“颜值担当”和“实力担当”，亲自体验思维导图+语文的妙不可言。